Mentale Stärke auf See

AUS SEGLERERFAHRUNGEN LERNEN

Peter Noble / Ros Hogbin

Mentale Stärke auf See

AUS SEGLERERFAHRUNGEN LERNEN

HEEL

IMPRESSUM

HEEL Verlag GmbH
Gut Pottscheidt
53639 Königswinter
Tel.: (0 22 23) 92 30-0
Fax: (0 22 23) 92 30 26
E-Mail: info@heel-verlag.de
Internet: www.heel-verlag.de

Deutsche Ausgabe:
© 2002 by Heel Verlag GmbH

Englische Originalausgabe:
Adlard Coles Nautical, an imprint of
A & C Black (Publishers) Ltd
37 Soho Square, London W1
England
Englischer Originaltitel: The Mind Of The Sailor

© 2001 by Peter Noble and Ros Hogbin

Lektorat: Harald Hartmann, Joachim Hack
Satz: Heel Verlag GmbH, Stefan Witterhold
Druck: Koelblin-Fortuna-Druck GmbH, Baden-Baden

Printed and bound in Germany

ISBN 3-89880-091-1

Inhalt

Danksagungen

Die Ideen für dieses Buch basieren sowohl auf meinen eigenen Erfahrungen als Segler als auch auf Gesprächen, die ich in Häfen dies- und jenseits des Atlantiks führte. Indem ich genau zuhörte, wurde mir bewusst, dass es eine ganze Menge über die Psychologie des Segelsports zu lernen gibt und dass die Psyche eines Seglers ebenso faszinierend ist wie die See selbst.

Einige der hier formulierten Gedanken finden sich bereits in früheren Artikeln und waren Inhalt von mir abgehaltener Seminare. Erst Jimmy Cornell vom World Cruising Club brachte mich darauf, diese Gedanken in einem Buch zusammen zu fassen, und ich bin ihm in jedem Stadium des Buches für seine engagierte Hilfe dankbar. Ferner durfte ich einige seiner außergewöhnlichen Fotografien verwenden. Der World Cruising Club vermittelte mir Gespräche mit Crews, die an der Atlantic Rally for Cruisers bzw. bei anderen Regatten teilgenommen hatten.

Während der Vorbereitung für dieses Buch habe ich viele Gespräche mit Seglern geführt, Literatur gewälzt und wissenschaftliche Beiträge gelesen. Die Titelhinweise am Ende eines jeden Kapitels sind daher nur Anhaltspunkte aus zahlreichen Quellen. Besonders bedanken möchte ich mich aber an dieser Stelle bei Oliver Wall, der mir gestattete, seinen Beitrag zur Apollonia-Tragödie in diesem Buch zu verarbeiten.

Natürlich war mir meine Frau Joan eine stetige Quelle der Hilfe und Unterstützung. Nicht zuletzt möchte ich mich bei Janet Murphy und Sarah Stirling vom Verlag Adlard Coles Nautical für ihre unendliche Geduld und ihr Wissen bedanken.

Peter Noble

Bei allen Fragen, die ein Autor stellen kann, ist die Frage nach dem Warum manchmal am schwersten zu beantworten, vor allem dann, wenn es sich um ein Buch mit einem solchen Inhalt handelt. Um so mehr bin ich all den Seglern dankbar, die sich die Zeit nahmen, um mit mir zusammen zu sitzen und versuchten, die vielen Warums zu beantworten.

Andererseits haben wir auch mit Sir Chay Blyth schallend gelacht, als er mir seine seglerischen Anfänge schilderte. Sowohl Chay Blyth als auch Simon Walker hinterließen bei mir einen bleibenden Eindruck mit ihren Schilderungen über das

Geschäft mit den „großen Törns" und wie es sich in den vergangenen Jahren entwickelte. Schließlich hatte ich das Glück, die zwei weiblichen Teilnehmerinnen am BT Challenge, Lin Parker und Alex Phillips, über ihre Ansichten befragen zu können. Auch ein Mann wie Tony Bullimore nahm sich trotz Sponsorsuche und Törnvorbereitung Zeit für uns. Ebenso wie Diana Garside, die selbst noch 1996 am BT Global Challenge teilnahm und zwei Jahre später die Teilnahme ihres Mannes Mike bei der „Around Alone" vom Land aus begleitete. Mike Garside schließlich prägte auch den Begriff vom „Abenteuer eines bewusst denkenden Mannes", was uns tiefe Einblicke in die Psyche eines Einhandseglers verschaffte. Besonders beeindruckend war auch der Wettkampfgeist und das Engagement eines Pete Goss, der es trotz Regattateilnahme und der Vorbereitungen zum Stapellauf seines Race-Katamarans Team Philips schaffte, ein Telefoninterview mit uns zu führen. Sir Robin Knox-Johnston vermittelte uns einen faszinierenden Überblick über die moderne Segelgeschichte, angefangen von seiner eigenen Weltumseglung über die Jules Verne Challenge bis hin zu den Clipper-Races. Und schließlich Ellen MacArthur, die mich mit ihrer – vorläufigen – Lebensgeschichte, ihrem geradezu ansteckenden Segel-Enthusiasmus und ihren Weltklasseleistungen inspirierte. In diesem Zusammenhang gilt auch Mark Turner von Offshore Challenges mein Dank, der in buchstäblich letzter Minute einen Kontakt zu Ellen herstellte, bevor sie nach Neuseeland abreiste.

Zahlreiche Segler übermittelten mir schriftlich ihre Gedanken. Ein besonderes Dankeschön geht daher auch an Naomi James, die sich die Mühe machte, all meine Fragen sorgfältig zu beantworten. Ebenso wie Anne Hammick, von der ich auch etliche Anregungen erhielt, mit welchen Seglern ich zusätzlich Kontakt aufnehmen sollte. Anne Brunze, Fran Flutter und Lady Denise Evans verbrachten unzählige Stunden an ihren Schreibtischen, wo sie meine Anfragen per Telefon bearbeiteten.

Ein großes Dankeschön gilt den Mitarbeitern der Caird Library des National Maritime Museum und insbesondere Michael Howe, der mir sowohl bei der Suche nach bestimmten Büchern als auch mit seinem Rat von unschätzbarer Hilfe war.

Und natürlich vielen Dank an Andrew Hogbin, meinen besten Freund im Segeln wie auch sonst im Leben.

Ros Hogbin

Vorwort

von Sir Chay Blyth

Die „Psyche des Seglers" ist eine allgegenwärtige Mahnung an Profi- und Freizeitsegler, dass erfolgreiches Segeln unmittelbar von den beteiligten Personen und ihrem seelischen Zustand abhängt. Keine noch so ausgetüftelte Elektronik, keine noch so hochwertige Schwerwetterausstattung ist in der Lage, eine Crew wieder sicher an Land zu bringen, dafür aber führt die Fähigkeit, sich Gefahren und auch Enttäuschungen zu stellen, letztlich zur Realisierung von Plänen und zu den gesetzten Zielen.

Es laufen auf der Welt zahllose vielversprechende Talente herum, die aber im Leben immer hinter ihrem Potential zurückbleiben. Andererseits gibt es weitaus weniger begnadete Menschen, von denen auch nicht so viel erwartet wird, und trotzdem erobern sie ihre Welt im Sturm. Die große Masse liegt freilich dazwischen. Welche Ziele auch immer man sich gesetzt haben mag, die Möglichkeiten, diesen Erfolg auch zu erreichen, werden einzig und allein im Kopf entschieden.

Segeln ist heutzutage ein sehr vielseitiges Geschäft. Jeder noch so kleine Handgriff wird einem an Bord abgenommen: Elektrische Winschen, selbstständig öffnende Spinnaker und Rollsegel haben die erforderliche rein physische Kraft, die noch auf den Handelsschiffen gang und gäbe war, auf ein Minimum reduziert. Mit der Satelliten-Navigation hängen Erfolg oder Misserfolg nur noch vom Segler selbst und seiner psychischen Stärke ab. Entscheidend ist, wie sie zum Beispiel bei schwerem Wetter oder bei Ausrüstungsversagen reagieren. Oder wie sie auf größeren Booten etwa mit einer zerstrittenen Crew umgehen – all das ist entscheidend für den Ausgang einer Reise.

Der Segelsport wartet mit einer ganzen Reihe nicht unter zu kriegenden Persönlichkeiten auf. Und jeder, der mit einem Boot in See sticht, wird sich dieser Herausforderung stellen müssen. Wer einmal auf den Weltmeeren unterwegs ist – ganz gleich, ob bei Sturm oder auch unter glitzerndem Sternenhimmel in einer lauen Sommernacht – wird Dank des fesselnden und herausfordernden Buches von Peter Noble und Ros Hogbin wissen, was Willenskraft, Entschlossenheit und geistige Einstellung wirklich bedeuten.

Sir Chay Blyth

Die Autoren

Peter Noble arbeitete viele Jahre lang als beratender Psychiater für das Maudsley-Krankenhaus und dem psychiatrischen Institut von London. Natürlich ist er auch ein erfahrener Segler, der schon mehrfach mit seiner 34-Fuß-Sloop Artemis den Atlantik überquerte. Als Autor vieler wissenschaftlicher Artikel und Bücher machte er sich einen Namen. In jüngerer Zeit beschäftigte er sich sehr stark mit den psychischen Verhaltensweisen auf See, was auch Anlass für eine Artikelserie über die Psychologie im Segelsport war.

Die Journalistin und Autorin Ros Hogbin kehrte erst kürzlich von einer dreijährigen Weltumseglung zurück, die sie gemeinsam mit ihrem Mann auf einer Nicholson 43 unternahm. Sie ist Seglerin von Kindesbeinen an und hat auch an Regatten wie dem Fastnet Race und dem Phuket King's Cup teilgenommen. Ihre Artikel übers Fahrtensegeln erschienen in den Zeitschriften Sailing Today und Yachting World. Derzeit arbeitet sie an zwei Büchern über Pazifik-Überquerungen und über Segelreisen.

Einführung

Wer auch immer sich mit einem kleinen Segelboot hinaus aufs Wasser wagt, der wird weit mehr empfinden als lediglich Wind in den Segeln und der Bewegung durchs Wasser. Die Herausforderung und die Freude, die man empfindet, wenn man sich den Elementen stellt, haben über Jahrhunderte die Seefahrer in ihren Bann gezogen – und sie sind mit den Empfindungen an Land nicht zu vergleichen.

Dieses Buch beleuchtet die emotionale und intellektuelle Seite des Segelsports und in welcher Weise sie sich auf Fahrten- und Regattasegler auswirken. Die Bandbreite ist weit gefächert und wendet sich an alle, die sich für die See und ihre Wirkung auf den Segler interessieren. Jedes einzelne Kapitel befasst sich dabei mit unterschiedlichen Aspekten, angefangen beim historischen Ereignis über Schilderungen von Versagen auf See, über Tipps für harmonische Fahrtentörns bis hin zu Gesprächen mit aktuellen Segelpersönlichkeiten.

Die „Psyche des Seglers" beginnt damit, welche Fähigkeiten die Qualitäten eines guten Skippers ausmachen und wie wichtig es ist, für Harmonie an Bord zu sorgen. Behandelt werden ferner Themen wie individuelle Probleme bei Langzeit-Törns und auch die Schwierigkeiten, die auftreten können, wenn man mit dem normalen Leben bricht.

In anderen Kapiteln behandeln wir Persönlichkeiten wie Kapitän Bligh und fragen, warum er auch auf anderen Schiffen unter seinem Kommando eine Meuterei auslöste. Wir betrachten den immensen psychologischen Druck, dem der Einhandsegler Donald Crowhurst ausgesetzt gewesen sein muss, als er 1969 verschwand. Und wir analysieren die Situation auf der Fahrtenyacht Appolonia, die bis zum Mord eskalierte. Zu Wort kommen auch einige Segler des legendären Fastnet-Rennens von 1979 und wir fragen, warum sie ihre Yacht aufgaben, warum sie sich in einer bestimmten Weise verhielten und wie sich dies auf ihre Rettungschancen auswirkte.

Segelnde Persönlichkeiten wie Sir Chay Blyth, Sir Robin Knox-Johnston, Ellen MacArthur und Naomi James sprechen über ihre Ansichten und beantworten die regelmäßig gestellte Frage, warum sich immer wieder Segler alleine in die denkbar ungastlichsten Reviere wagen und in welcher Weise sich die moderne Kommunikation auf das Segeln auswirkte. In einem anderen Kapitel beschreiben wir die Entwicklung des Frauen- und des Extremsegelns. Und schließlich werden im letzten

Kapitel die positiven Aspekte des Sports beleuchtet, die auch einen Einblick in das Warum geben. Warum begibt man sich freiwillig in Schwierigkeiten, in physische Gefahr, in körperliches Unbehagen – und dennoch bleibt es in der Summe die Freude am Segeln?

Peter Noble und Ros Hogbin

Wer ist ein guter Skipper?
Wer ist eine gute Crew?

Peter Noble

Diese allererste Frage, was denn nun einen guten Skipper ausmacht, wird häufig gestellt. Dabei zählen die meisten Skipper sich zu eben diesen guten Vertretern, selbst wenn die Crew anderer Meinung ist. In den meisten Ländern gibt es keine Mindestanforderungen, die ein Skipper erfüllen muss – Hauptsache, er ist in der Lage, ein Boot zu kaufen, zu leihen oder zu chartern. Selbst die Anforderungen anspruchsvoller Vermieter, beschränken sich allenfalls auf die technischen Fähigkeiten, vernachlässigen aber Führungsqualitäten und die Eigenschaft, für eine zufriedene Besatzung zu sorgen. In Wirklichkeit aber sind Seemannschaft und Führungsqualität oft gleichzusetzen. Die Qualifikation eines Skippers ist zu gleichen Teilen für Sicherheit und Vergnügen an Bord verantwortlich. Wie alles andere im Leben, unterscheiden sich auch die Skipper ganz erheblich. So wird jeder einmal die Situation erlebt haben, in der er geschworen hätte, an Bord des einen oder anderen Boots nie mehr einen Fuß zu setzen.

Psychische Studien

Natürlich muss ein guter Skipper über Segelerfahrung und -fähigkeiten verfügen, auch wenn dies längst nicht Voraussetzung für eine Führungspersönlichkeit ist. Einen Standard für einen „guten Skipper" kann es daher nicht geben; vieles hängt auch von den äußeren Umständen ab. Der Archetypus eines in der Marine dienenden Seemanns muss noch lange nicht die beste Wahl für einen Urlaubstörn sein.

Eine Yacht besteht aus einer kleinen, isolierten Gemeinschaft, bei der es auf Führungsqualitäten in größtem Maße ankommt. Dies betrifft zum Beispiel auch Teams von Bergsteigern oder Expeditionen, Piloten eines Flugzeugs oder Armee- bzw. Marineeinheiten. Wissenschaftliche Studien lieferten tiefgreifende Erkenntnisse darüber, wie die Beziehungen innerhalb solcher Gruppen funktionieren. Es liegt auf der Hand, wie wichtig die Führungsqualitäten und das Verhalten des Gruppenleiters sich auf die Effizienz der Gruppe auswirken. Unter diesem Aspekt wurden Piloten und auch Astronauten sehr genau untersucht und ich habe die Ergebnisse dieser Studien auf Segler übertragen, die an weltweiten Regatten teilnehmen. Die Ergebnisse der Studien an Flugzeugführern sind für den Segelsport durchaus relevant.

Erfolgreiche Piloten verfügen über ein charakteristisches Persönlichkeitsprofil. Sie neigen in der Regel zu großer Aktivität und sind sehr zielorientiert, wobei sie schnell ihren Führungsanspruch und den Wunsch nach Kontrolle erkennen lassen. In Krisensituationen übernehmen sie die Führung und neigen zu praktischer Problemlösung. Ein aktiver Einsatz führt zu Angstminimierung, während Passivität in Hilflosigkeit und sogar in Panik ausarten kann. Wen wundert es, dass viele Piloten in ihrer Freizeit segeln und sich hier als ausgezeichnete Skipper hervortun.

Führungspersönlichkeiten zeichnen sich durch eine Eigenschaft aus, die Psychologen mit Ausdrucksstärke beschreiben. In diesem Zusammenhang bedeutet der Begriff, dass die betroffene Person in der Lage ist, sowohl Vertrauen einzuflößen, als auch Einfühlungsvermögen zu zeigen. Einerseits diskutieren, andererseits die Richtung bestimmen – hier gilt es bei vielen Freizeitskippern, Defizite aufzuholen.

Was aber zeichnet eine Person aus, die nicht führen kann? Auch hier zeigen Beobachtungen aus dem Bereich des Militärs und der Fliegerei, dass es bestimmte Eigenschaften gibt, die in mangelhafter Führung und letztlich in schlechter Motivation und Leistung der Untergebenen mündet. Dazu zählen emotionale Kälte, verbale Aggressionen, Strenge und die Neigung, überkritisch zu sein. Auch wird in solch einem Fall keine Rücksicht auf die Gefühle der anderen genommen. Diese Verhaltensweisen werden auch als negativ bezeichnet.

Drei berühmte Führungspersönlichkeiten: Bligh, Shackleton und Scott

Die Leistungen der folgenden drei historischen Persönlichkeiten – Kapitän Bligh von der Bounty, der Forscher und Segler Sir Ernest Shackleton und der Antarktis-Forscher Robert Falcon Scott – zeigen, wie sehr die Art und Weise zu führen sich auf den Erfolg oder das Scheitern ihrer Missionen auswirkte.

Die ganze Geschichte von Kapitän Bligh wird im vierten Kapitel geschildert. Bligh war zweifellos ein intelligenter, fähiger und ehrenwerter Mann. Aber er war auch für seine Strenge, für seine Überreaktionen und seine extrem kritische Einstellung berüchtigt. Als solcher ist Bligh ein klassisches Beispiel für einen Menschen mit negativer Ausstrahlung. Manchmal kann das sogenannte „Bligh-Syndrom" auch bei Skippern kleinerer Yachten beobachtet werden. Dies betrifft in der Regel Männer mittleren Alters, die sonst als vernünftig und zuvorkommend gelten, die aber an Bord plötzlich dominieren, überkritisch und sogar unflätig werden. Dies passiert nicht selten bei gecharterten Yachten, da der Charterskipper normalerweise weit weniger erfahren ist als der Eigner einer Yacht. Dieser Mangel an Erfahrung und Kompetenz führt zwingend zu Unsicherheiten, die dann dafür sorgen, dass Spannungen auftreten. Falscher Stolz hält diesen Skipper womöglich davon ab, seine Schwierigkeiten zuzugeben oder gar um Hilfe zu bitten. Diese offensichtliche Persönlichkeitsveränderung ist in Wirklichkeit eine Reaktion auf Stress und

Angst. Weniger stark ausgeprägt äußert sich diese Reaktion auch als überhöhte Reizbarkeit.

Der Forscher Shackleton war ein ausgezeichneter Seemann, und er kam dem Ideal einer Führungspersönlichkeit sehr nahe. Seine Ansprüche waren sehr hoch, aber dennoch zog er Zustimmung und Motivation stets der Kritik vor. Er spürte genau, in welcher Gefühlslage sich die anderen befanden und wie es um die Verhältnisse innerhalb der Gruppe bestellt war. Im Jahr 1916 musste er sein Schiff Endurance aufgeben, das vom arktischen Eis zerquetscht wurde. Er ließ die meisten Mitglieder seiner Crew zurück, um mit einem Beiboot etwa 800 Seemeilen jenseits der Roaring Fourties in South Georgia, der nächsten Siedlung in der südlichen Antarktis, Hilfe zu holen. Es war eine unglaubliche Odyssee von 16 Tagen in einem kaum sieben Meter langen Boot mit nur kleiner Crew. Als einer der Besatzungsmitglieder seine Handschuhe verloren hatte, gab ihm Shackleton die seinen. Doch der Matrose weigerte sich und Shackleton konnte sich nur durchsetzen, in dem er drohte, die Handschuhe über Bord zu werfen. Shackleton war aber auch in der Lage zu delegieren. So schrieb er über den Mann, der für den zurückgebliebenen Teil der Mannschaft verantwortlich sein sollte: „Ich habe ihn mit der Situation konfrontiert und unterstelle die Entscheidungen und Handlungen seinem Urteilsvermögen. Ich bin davon überzeugt, dass er klug handeln wird." Trotz größter Entbehrungen und Schwierigkeiten, verlor während der Shackleton-Expedition nicht ein einziger sein Leben. Von seiner Mannschaft wurde er verehrt, und viele der Männer begleiteten ihn auch bei späteren Expeditionen.

Robert Falcon Scott ist der klassische Typus des englischen Helden, der allerdings versagte. Er leitete insgesamt zwei Expeditionen mit vier Begleitern in die Antarktis und erreichte den Südpol am 17. Januar des Jahres 1912. Doch war ihm der norwegische Forscher Amundsen zuvorgekommen. Stürme und Krankheit verspäteten die Rückkehr Scotts und er und seine Begleiter kamen nur wenige Meilen, bevor sie sich in Sicherheit bringen konnten, ums Leben. Die tragische Geschichte dieser Reise ist dank der Tagebücher Scotts bis ins letzte Detail bekannt. Scott avancierte nach seinem Tod zum nationalen Helden, auch wenn sich sein Temperament sehr von dem eines Shackleton unterschied. Scott war ein Einzelgänger und hatte mit den Gefühlen seiner Mitmenschen wenig im Sinn. Doch dank seiner immensen Ausdauer und Willenskraft führte er sich und seine Begleiter bis an die Grenzen der Erschöpfung. Seine Planungen stellte er fast nie zur Diskussion, auch fiel es ihm schwer, Aufgaben zu delegieren. So hinterließ er sogar in seinem Basiscamp strenge Verhaltensregeln, die letztlich seine eigene Rettung verspäteten und für den Tod von Scott und seinen Begleitern verantwortlich war. Ein starkes und dominantes Temperament mag zu außergewöhnlichen Leistungen selbst unter schwierigen Bedingungen in der Lage sein, aber ein allzu autoritärer Führungsstil kann ein Team auch davon abhalten, seine Fähigkeiten zu entwickeln. Scott wäre als Einhandsegler mit Sicherheit besser gewesen als als Skipper einer Yacht.

Was macht einen guten Skipper aus?

Bei vielen Anlässen habe ich Yachtcrews darüber reden hören, was denn die Qualitäten eines guten Skippers sein sollten. Die Worte, die immer wieder fielen, lauteten: kompetent, ruhig, entschlossen, freundlich, diskussions- und delegierfähig. Die meisten erfahrenen Skipper zeichnen sich dadurch aus, dass sie immer genau zu wissen scheinen, was sie tun und dabei immer ruhig bleiben, auch wenn sie nicht immer Grund dazu haben. Trotzdem – die Fähigkeit, zu diskutieren, zu delegieren und dabei freundlich zu bleiben – diese Fähigkeit ist eher selten. Der Mangel an Führungsfähigkeit mündet nicht selten in schlechter Mannschaftsmoral, in zunehmenden Spannungen und mangelhaften Teamleistungen.

Harmonie an Bord lässt sich nicht einfach bestellen, es sind, will man erfolgreich sein, schon Überlegung und Anstrengung erforderlich. Dies bedeutet, dass der Skipper genauso viel Zeit und Anstrengungen für die Crew aufbringen muss wie für das eigentliche Fortbewegen.

Wenn es zu Spannungen an Bord kommen sollte, muss der Skipper in der Lage sein, rechtzeitig zu intervenieren, ehe es zum Knall kommt. Wichtig ist, sich mit der Schwierigkeit auseinander zu setzen und über das Problem zu reden, ehe es wirklich zur Konfrontation kommt. Man sollte dabei daran denken, dass Unterstützung immer besser ist als Kritik. Ein entschlossener Bootsführer sollte zudem immer in der Lage sein, zu delegieren. Ein Team arbeitet dann am besten, wenn die einzelnen Mitglieder über ein gewisses Maß an Autonomie verfügen und Erfolge verzeichnen können. Die Fähigkeit, Dinge und Ansichten zu diskutieren, ist ein Zeichen der Stärke und nicht der Schwäche – nicht zuletzt, da man von den Erfahrungen der anderen profitieren kann. Wenn eine Crew das Glück hat, mit einem guten Skipper zu segeln, dann gehört es zum Lernprozess, sich mit dem Stil des jeweiligen Skippers auseinander zu setzen und in seinem Sinne die Entscheidung, auch was das Segeln angeht, zu treffen.

Sollte es zu einer Meinungsverschiedenheit zwischen Skipper und Crew kommen, so wird ein kluger Skipper nicht die Crew tadeln ohne darauf hinzuweisen, wie eine andere Entscheidung sich positiv auf die Situation ausgewirkt hätte.

Zu den besonderen Herausforderungen für einen Skipper gehört eine Regatta rund um die Welt, wobei die Crews aus Segel-Amateuren bestehen. Bei der sogenannten British Steel Challenge stellten sich offensichtlich Defizite heraus, die in einem Fall fast zu einer Meuterei führten. Der Skipper musste ausgewechselt werden. Der Organisator der Regatta, Sir Chay Blyth, zog aus den Ereignissen von 1992 seine Konsequenzen für die neuerliche Austragung der BT Global Challenge 1996. Noch größerer Wert wurde auf die Auswahl der Crew gelegt, und die vorbereitende Ausbildung der Skipper verlängerte sich auf drei Wochen.

Manager und deren Trainees haben das Potential entdeckt, das für die Entwicklung von Führungspersönlichkeiten in solchen Regatten steckt. MaST International, eine auf Management-Training spezialisierte Firma, beschrieb diese Form der Ausbildung als „Persönlichkeitsentwicklung auf höchstem Niveau". Die Defizite

Der Autor inmitten des Atlantiks bei einer Positionsbestimmung. Die Ausrüstung der Boote wird zwar immer umfangreicher, aber ein guter Skipper wird sich nicht allzu sehr von Elektronik abhängig machen.
Foto: Peter Noble.

der Skipper lägen – nach einer Analyse des BT Global Challenge von 1996 – eher im persönlichen denn im technischen Bereich. MaST International verfasste sogar ein Buch mit dem dem Titel „Global Challenge: Leadership Lessons from ‚The World's toughest Yacht-Race", bei dem es um die Führungsqualitäten während des Rennens ging. In einem Kommentar heißt es:

„Die Skipper hatten Management-Defizite. Zwar hatten sie sich einem dreiwöchigen Skipperseminar unterzogen, doch bei diesem kam das Element Management eindeutig zu kurz. Eine der fundamentalen Schwächen der meisten Skipper lag in ihrer Unfähigkeit, das ganze Potential ihrer Crew auszuschöpfen. Sie waren außer Stande, sich auf die Fähigkeiten anderer zu verlassen, weil sie glaubten, alles selbst wissen zu müssen. Allesamt zeichneten sich als erstklassige Segler die aus, die ihre Yacht jederzeit beherrschten, aber bei einem derartigen Rennen geht es auch um die Führung von Menschen."

Was ist eigentlich eine gute Crew?

Die Aufgabenbeschreibung eines Skippers ist klar umrissen: Er oder sie ist für das Boot verantwortlich. Die Aufgaben der Crew indes sind variabel und hängen von den jeweiligen Umständen ab. Ein Crew-Mitglied kann zum Beispiel zahlender Gast einer Charteryacht sein, der erwartet, dass man sich um ihn kümmert. Er mag ein Anfänger, aber auch erfahrener Segler sein, dessen Fähigkeiten unverzichtbar sind. Diese schon unterschiedlichen Rollen werden durch persönliche oder familiäre Bindungen zusätzlich kompliziert. Auf kleineren Booten mit maximal zwei Besatzungsmitgliedern, handelt es sich in der Regel um Ehe- bzw. Lebenspartner. Selbst alte Beziehungen werden durch die besonderen Anforderungen an Bord zwischen „Skipper und Crew" nicht selten belastet.

In einer früheren Studie über Yachtcrews, die an einer Segelrallye um die Welt teilnahmen, bat man die Skipper, die ihrer Meinung nach „ideale Crew" zu beschreiben. Die Antwort eines Skippers ist symptomatisch: „Meine Selbststeuerungsanlage – sie isst oder schläft nicht und hat keine eigene Meinung." Ich kann dieser Antwort sehr viel abgewinnen, da auch ich selbst 30.000 Meilen mit Selbststeueranlage gesegelt habe, und es gab niemals einen Streit, nicht einmal unterschiedliche Ansichten.

Zwei Dinge sind für eine gute Crew entscheidend – Motivation und Verträglichkeit. Jeder einzelne an Bord muss die Reise wirklich machen wollen und in der Lage sein, sowohl mit dem Skipper als auch mir den anderen Crewmitgliedern auszukommen. Nimmt man indes jemanden mit, der unwillig oder potentiell schwierig ist, sind die Probleme vorprogrammiert. Sollte man irgendwelche Zweifel haben, dann ist es besser, die Person nicht mitzunehmen und lieber mit einer zu kleinen Mannschaft oder gar Einhand zu segeln.

Die seglerische Erfahrung eines Crewmitglieds ist zwar hilfreich, aber nicht alles entscheidend. Ich selbst habe mehrfach erfolgreiche und harmonische Törns mit Menschen unternommen, die wenig oder fast keine Erfahrung hatten. Ein entscheidender Faktor ist die Motivation, Segeln lernen zu wollen und Teil einer Mannschaft zu sein. Lob und Unterstützung seitens des Skippers sind für diese Motivation förderlich. Andererseits sind Kritik und übergroße Härte demoralisierend, wenn nicht sogar kontraproduktiv. Wenn der Skipper jedoch bereit ist, unterstützend und lehrend einzugreifen, dann kann sich selbst ein blutiger Anfänger schon vom ersten Augenblick an Bord nützlich machen. Doch selbst dann sollte der Skipper in der Lage sein, Aufgaben zu delegieren. So teile ich selbst Anfänger bei mir an Bord zu Wachen ein und lasse sie wissen, welche Verantwortung sie haben. Natürlich habe ich ein wachsames Auge auf deren Fortschritte, wenn auch auf höfliche Weise. Am besten ist es, nicht zu früh und auch nicht zu häufig einzugreifen.

Segeln sollte Spaß machen, und man erzielt die besten Lernerfolge, wenn man die Freiheit hat, kleinere Fehler zu begehen und sie auch selbst zu korrigieren. Einem weniger erfahrenen Skipper kann dadurch geholfen werden, dass er zunächst mit erfahreneren und gut ausgebildeten Freunden segelt. Allerdings ist darauf zu achten, dass dieser sich nicht zu sehr auf die größere Erfahrung seiner Crew verlässt, da sich sonst die Schiffsführung gefährlich aufteilen könnte. Unter Umständen – wenn es dem Skipper an Erfahrung mangelt – mag es klüger sein, einen professionellen Skipper zu verpflichten oder aber einen weniger anspruchsvollen Törn zu unternehmen. Nicht außer acht lassen sollte man, dass auch die Beziehung zwischen dem Eigner und einem Profiskipper Anlass für Konflikte sein können. In diesem Fall ist es am besten, die seglerische Kompetenz dem Profiskipper zu überlas-

Lagebesprechung: Gute Skipper informieren, diskutieren und delegieren. Wichtig ist, dass in der Mannschaft untereinander die Chemie stimmt.

sen. Klar definierte Verhältnisse sind sowohl für die Crew als auch für den Skipper entscheidend.

Ein stereotypes Profil für ein ideales Crewmitglied gibt es nicht. Ein gutes Verhältnis untereinander, was von der jeweiligen Mischung an Charakteren abhängt, ist offenkundig entscheidend. Die so genannte Europa-Studie (lesen Sie dazu Kapitel 2) zeigte, dass ein Crewmitglied, das von Bord gehen wollte oder musste, in einer anderen Crew sehr wohl zurecht kam. Bedauerlicherweise gibt es auch jene Kandidaten, die auf jedem Boot für Spannungen sorgen, während andere überall willkommen sind. Gute Crewmitglieder zeichnen sich durch Selbstbeherrschung und durch unaufdringliche Art aus. Unaufhörliches Plappern kann schon nach einer Woche auf See unerträglich werden. Einfache, praktische Dinge sind ebenso ein wichtiger Beitrag für eine harmonische Crew, sei es, dass man in der Lage ist, sich die Arbeiten an Bord zu teilen, dass man den Abwasch mit erledigt oder dass man auch seine persönlichen Dinge ordentlich verstaut.

Entscheidend ist, dass jeder an Bord dazu beiträgt, die nötigen Arbeiten zu erledigen und für einen sicheren Törn zu sorgen. Freilich variieren die Aufgaben abhängig vom Boot. Aber Personen, die sich in die Atmosphäre an Bord gut gelaunt und aufgeschlossen einfügen, haben schon den richtigen Ansatz zum „idealen“ Crewmitglied. Es ist Teamarbeit unter Anleitung eines Skippers einerseits, aber auch Zuhören und die Bereitschaft andererseits, Anweisungen auszuführen. Das Crewmitglied muss damit zufrieden sein, zur Routine an Bord beizutragen. Dazu gehört, dass man ausreichend schläft und pünktlich und verantwortungsvoll die gestellten

Aufgaben ausführt. Hilfreich ist ferner, wenn man nicht übersensibel ist – offene Kritik darf man nicht allzu persönlich nehmen. Das Leben an Bord kann – vor allem bei schwerem Wetter – mühsam und beengt sein. Glücklicherweise gibt es Menschen, die in der Lage sind, Spannungen abzubauen, sei es bei anderen Crewmitgliedern oder sogar beim Skipper.

Unterschiedliche Charaktere und deren Zusammenspiel sind bei der Auswahl einer Crew ebenso wichtig wie die seglerischen Fähigkeiten. In vielerlei Hinsicht kann ein Blauwassertörn, abseits von Schifffahrtsrouten, von Küsten und Tide, angenehmer sein als ein Küstentörn. In der Regel ist das Wetter besser, und die weite See sowie der beständige Wind bewirken – zumindest, was die Moral angeht – wahre Wunder. Anders sieht es freilich auf einer Regattayacht aus, auf der es weit mehr auf technische Kompetenz und physische Fitness ankommt. Regattayachten benötigen außerdem eine größere Besatzung, so dass man sich schon beim Ablegen auf Enge und Unbequemlichkeit einstellen muss. Nicht zuletzt dies ist ein Grund, warum ich Fahrtensegeln bevorzuge. Mitglied einer Crew zu sein, die einen der Ozeane dieser Welt überqueren will, erfordert – vom Regattasegeln einmal abgesehen – keine großen Vorkenntnisse. Gut motivierte und einfühlsame Crewmitglieder können leicht an die Hand genommen werden. Worauf es natürlich ankommt, ist, dass man bereit ist, Abstriche an die persönlichen Freiheiten zu machen. Schlafgewohnheiten, Essenszeiten, Diäten oder Alkoholkonsum – dies alles mag sonst im Ermessen eines Einzelnen liegen, an Bord müssen sich diese Eigenheiten zwingend den Regeln an Bord und denen des Skippers unterordnen.

Habe ich das Zeug zum guten Skipper?

Erfolgreiche und anerkannte Skipper haben – unabhängig davon, ob sie nur am Wochenende oder über den Atlantik segeln – ein vergleichbares Persönlichkeitsprofil. Sie sind standfest, grundsätzlich positiv eingestellt und feinfühlig. Ihre Stärken liegen in der Art und Weise, sich auszudrücken und nicht in einer negativen Ausstrahlung. Ich habe eine Art Test zusammengestellt, der auf die persönlichen Handlungsmuster und Verhaltensweisen abzielt, die einen guten Skipper ausmachen. Dieser Fragenkatalog wurde sowohl bei Urlaubs-Seglern als auch bei Blauwasserseglern ausgetestet. Erfahrene Crews erzielen bei den Fragen nur geringfügig schlechtere Ergebnisse als ihr Skipper. Vermutlich bedarf es für eine Führerpersönlichkeit sehr viel mehr seglerischer Erfahrung und Wissens. Die charakterlichen Eigenschaften sind sehr oft auf ähnlichem Niveau. Deshalb kann es für Sie – auch wenn Sie nur als Crewmitglied mitsegeln – interessant sein, den Fragebogen auszufüllen. Versuchen Sie, die Fragen ehrlich zu beantworten und nicht zu verfälschen. Sowohl für den Skipper als auch die Crew kann es durchaus von Interesse sein, die Ergebnisse miteinander zu vergleichen. Sie werden feststellen, dass andere Personen an Bord Sie vielleicht anders sehen als Sie selbst. Der Test soll auch ein gewisser Spaß sein, weil er eine Gelegenheit ist, bestimmte Dinge zu diskutieren und vielleicht zu verbessern.

Skipper/Crew Fragebogen

Kreuzen Sie **Ja** oder **Nein** an

1 Bei „Schwierigkeiten an Land" – Können diese ein wichtiger Grund sein, segeln zu gehen?
Ja   **Nein**

2 Hätten Sie Probleme, für eine Woche das Trinken aufzugeben?
Ja   **Nein**

3 Werden Sie ängstlich oder gar panisch in beengter Umgebung wie etwa einem Aufzug oder in öffentlichen Verkehrsmitteln?
Ja   **Nein**

4 Wenn Sie unter Druck arbeiten müssen – bemerkten Sie bei sich folgende Symptome: Kopfschmerzen, aufkommende Panik, Niedergeschlagenheit, Schlaflosigkeit, Angst?
Ja   **Nein**

5 Werden Ihre Leistungen unter Druck besser?
Ja   **Nein**

6 Kommt es vor, dass Sie etwas als Herausforderung, während andere es als Problem sehen?
Ja   **Nein**

7 Glauben Sie, dass manche ihre Leistungen steigern könnten, wenn sie mehr täten und weniger nachdächten?
Ja   **Nein**

8 Stimmt dieser Satz: „Wo ein Wille ist, ist auch ein Weg!"?
Ja   **Nein**

9 Wenn Sie sich in einem Restaurant oder Hotel schlecht bedient fühlen, sind Sie in der Lage, Ihre Beschwerde höflich vorzutragen, ohne die Fassung zu verlieren?
Ja   **Nein**

10 Ist es Ihnen wichtig bei einem Spiel mit Freunden zu gewinnen?
Ja   **Nein**

11 Wenn ein Freund zu Besuch kommt, macht es Ihnen etwas aus, mit ihm das Bad oder die Küche zu teilen?
Ja   **Nein**

12 Wenn Sie an Feiern oder andere gesellschaftliche Ereignisse zurückdenken, erinnern Sie sich, Dinge gesagt zu haben, die Sie heute bereuen?
Ja   Nein

13 Waren Sie schon gemeinsam mit Freunden oder einem anderen Paar in Urlaub und mussten feststellen, dass die Freundschaft nach dem Urlaub beendet war?
Ja   Nein

14 Wenn Sie Auto fahren, regen Sie sich häufig über das Verhalten der anderen Fahrer auf?
Ja   Nein

15 Würden Sie ein Crewmitglied unterstützen, das einer offensichtlich falschen Entscheidung des Skippers widerspricht und dieser damit nicht einverstanden ist?
Ja   Nein

16 Würden Sie wichtige Dinge diskutieren, ehe Sie eine Entscheidung treffen?
Ja   Nein

17 Wenn ein jüngerer Kollege Ihnen vorgesetzt wäre, hätten Sie Schwierigkeiten damit, immer freundlich zu bleiben und effektiv zu arbeiten?
Ja   Nein

18 Wenn jemand kein Glück hatte oder unter einem starken Verlust leidet, würden Schüchternheit oder auch Betroffenheit Sie davon abhalten, Hilfe anzubieten oder Gefühle zu zeigen?
Ja   Nein

19 Sind Sie in der Lage, Aufgaben zu delegieren?
Ja   Nein

20 Ist gute Vorbereitung in der Regel der Garant für Erfolg?
Ja   Nein

Ergebnisse

Um Ihr persönliches Resultat zu ermitteln, verwenden Sie bitte folgenden Schlüssel:

Für Antworten mit Nein je einen Punkt bei folgenden Fragen: 1, 2, 3, 4, 10, 11, 12, 13, 14, 17, 18

Für Antworten mit Ja je einen Punkt bei folgenden Fragen: 5, 6, 7, 8, 9, 15, 16, 19, 20.

Ergebnis:

15 bis 20: Ausgezeichnet

10 bis 14: Gut

9 und weniger: Bedenken

Schlussfolgerungen

Sie sind eine Persönlichkeit, die durchaus ein guter Skipper sein könnte? Machen Sie sich aber keine Sorgen, wenn Sie nicht die Höchstwertung von 20 Punkten erreicht haben sollten – die wenigsten sind perfekt. Außerdem würde solch ein Ergebnis vermutlich aussagen, dass Sie die eine oder andere Antwort geschönt hätten. Gut allerdings, wenn Sie 15 Punkte und mehr erreicht haben. Sie verfügen über die charakterlichen Eigenschaften, die Führungsqualitäten ausmachen und die Ihnen den Umgang mit anderen erleichtern. Ein Ergebnis zwischen zehn und 14 Punkten ist Durchschnitt und Sie sollten besonders auf die Antworten achten, bei denen Sie kein gutes Ergebnis erzielten. Bei neun und weniger Punkten, haben Sie Grund nachdenklich zu sein – es bedeutet aber nicht, dass Sie jetzt Einhandsegler werden sollten. Wenn Sie Ihre Führungsqualitäten als Skipper verbessern wollen, müssen Sie Ihre eigenen Gefühle besser unter Kontrolle haben. Konzentrieren Sie sich auf Ihre Führungsaufgabe und seien Sie dabei empfänglich für die Gefühle und Erwartungen Ihrer Crew.

Sollten sich in der Mannschaft Spannungen aufbauen, so sollte ein guter Skipper in der Lage sein, gefühlvoll einzugreifen. Wenn Sie als Skipper selbst verärgert sind, versuchen Sie, Ihren Ärger und Ihre Gefühle moderat auszudrücken. Grundsätzlich ist es besser, Probleme auf der emotionalen Ebene so schnell wie möglich zu entgegnen als abzuwarten, bis es zum Eklat kommt. Gute Kommunikation ist freilich Voraussetzung, und eine regelmäßige „Plauderstunde" dürfte ein gutes Mittel sein, Spannungen abzubauen. Und vergessen Sie nicht – Loben ist häufig ein effektiveres Mittel als Kritik – denken Sie an Kapitän Bligh. Vermeiden Sie eine negative Grundstimmung. Dominieren Sie nicht und seien Sie auch nicht überkritisch. Stellen Sie möglichst niemanden bloß und denken Sie bei einer guten Leistung daran, sich zu bedanken. Sollte ein Problem auftreten, zum Beispiel ein vertörntes Fallreep oder schlecht gesetzte Segel, konzentrieren Sie sich darauf, der Crew zu helfen und das Problem aus der Welt zu schaffen.

Ganz praktische Dinge sind ebenfalls entscheidend: Eine gut organisierte Wacheinteilung gewährleistet Moral, Harmonie und die Sicherheit an Bord. Der wachhabende Teil der Mannschaft sollte sich um das Boot kümmern und genau wissen, welche Entscheidungen sie treffen dürfen. Der Rest der Mannschaft sollte sich ausruhen und regenerieren können, so dass er beim nächsten Wachwechsel wieder fit ist oder mit einem Notfall fertig wird. Entscheidend für eine angenehme und sichere Reise ist, dass man vorausplant und vor dem Auslaufen alles gut vorbereitet hat.

Fazit:
- Ein guter Skipper kommt nicht an seine Leistungsgrenze, weil er oder sie nicht versucht, alles selbst zu machen.
- Eine Führungspersönlichkeit ist in der Lage, Aufgaben zu delegieren.

- Die Bereitschaft, Probleme und Ansichten zu diskutieren, ist ein Zeichen von Stärke und nicht von Schwäche.
- Wenn man mit einem guten Skipper unterwegs ist, kann es hilfreich sein, über die Form der Führung, der Entscheidungsfindung und der Art des Boot-Handlings zu diskutieren.
- Sollte es dennoch zu einer persönlichen Krise kommen, dann wird ein guter Skipper niemals seine Crew bloßstellen, aber sich fragen, wie eine andere Art und Weise der Führung das Problem vermieden hätte.
- Ein guter Skipper zeichnet sich dadurch aus, dass er auf die Bedürfnisse und Vorschläge seiner Crew eingeht und auch in der Lage ist, zu lernen. Überhaupt kann jeder von der Erfahrungen anderer lernen.

LITERATURHINWEISE

Alexander, Caroline, *The Endurance: Shackleton's Legendary Antarctic Expedition*, Bloomsbury Publishing, London, 1998 and Knopf, New York, 1998.
Harrison, A A, Clearwater, Y A, McKay, C P, *From Antarctica to Outer Space: Life in Isolation and Confinement*, Springer-Verlag, New York, 1991.
Nicholas, J M, Penwell, L W, 'A profile of the effective leader in human space flight', *Aviation, Space and Environmental Medicine*, 1995, pp 63–72.
Palkinas, L A, 'Going to extremes: the cultural context of stress, illness and coping in Antarctica', *Society, Science and Medicine*, 1992, pp 651–64
Picano, J J, 'Personality types among experienced military pilots', *Aviation, Space and Environmental Medicine*, 1991, pp 517–20.
Walters, Humphrey, et al, *Global Challenge: Leadership Lessons from 'The World's Toughest Yacht Race'*, The Book Guild, Sussex, 1997.

Ablegen und wegsegeln

Peter Noble

Bei der Erarbeitung dieses Kapitels haben mir meine Erfahrungen bei der Vorbereitung zur Atlantic Rallye for Cruisers geholfen. Über 150 Yachten und etwa 600 Crewmitglieder treffen alljährlich in Gran Canaria ein, um die Passatwinde in Richtung Karibik zu nutzen, eine Route, die erstmals Christoph Columbus entdeckte. Die Abreise im November ist Garant für eine sonnige Atlantiküberquerung vor dem Wind, für eine Ankunft noch vor Weihnachten und für Segeln unter idealen karibischen Verhältnissen. In der Sonne und Geschäftigkeit des Hafens von Las Palmas hörte ich die Sorgen und Hoffnungen der Skipper, die sich auf ihre erste Atlantiküberquerung vorbereiteten.

Dank der Hilfe meiner Frau, einer Medizin-Wissenschaftlerin, waren wir in der Lage, eine Studie über die Skipper und Mannschaften zu erstellen, die an einer Rallye rund um die Welt teilnahmen. Insgesamt 29 Crews starteten in Gibraltar zur ersten Etappe ihres 24.000 Meilen langen Wettrennens um die Welt, bei dem es u.a. durch den Panama- und den Suez-Kanal ging. Wenig überraschend ist, dass bei dieser Weltumseglung mit dem Wind die ein oder andere Crew einen längeren Stopp in der Region der klimatisch angenehmen Pazifik-Inseln einlegte als geplant. Wir trafen auf Mallorca – also gegen Ende der Weltumseglung – auf die Teams. Zu diesem Zeitpunkt – nach 19 von 20 Etappen – waren immerhin noch 19 Yachten im Rennen. Wir baten Skipper und Crews, einen psychologischen und medizinischen Fragebogen auszufüllen und wir befragten 50 zufällig ausgesuchte Teilnehmer, uns für Interviews zur Verfügung zu stehen.

Die Yachten befanden sich allesamt in der eleganten und weitläufigen Marina des Real Clubs Nautico von Palma de Mallorca. Es herrschte eine gelöste Stimmung und die Gespräche waren durchweg erfreulich. Die ehrlichsten Antworten erhielten wir nicht selten an einer Bar spät in der Nacht oder beim Midnight-Drink im Cockpit bei gleichzeitigem Ausblick auf die angestrahlten mittelalterlichen Gebäude des Hafens und der Stadt.

Die teilnehmenden Yachten hatten eine Größe von 41 bis 66 Fuß Länge. Auf den kleineren Booten bestand die Crew in der Regel aus Mann und Frau. Häufig waren auf einzelnen Etappen auch Familienmitglieder und Freunde bzw. auch zahlende Gäste eingesprungen. Die Eigner größerer Yachten wurden üblicherweise von einer bezahlten Mannschaft unterstützt, wobei manchmal sogar Profisegler als Skipper angeheuert waren. Insgesamt standen fünf Yachten unter professioneller

Führung. Blauwassersegler teilen im Prinzip die Freude und die Anspannung, die extremes Segeln mit sich bringt. Doch trotz der Herausforderungen, die eine Atlantiküberquerung automatisch beinhaltet, unterscheidet sich dies nur in Nuancen von einem Fahrtentörn in geschützten Gewässern. Jeder Wochenendsegler wird mit dem einen oder anderen Problem konfrontiert, mit dem auch diese Crews und Skipper fertig werden müssen. Wir befragten Skipper und Crewmitglieder, ob sie sich während ihres Törns mit persönlichen Krisen und disziplinarischen Problemen auseinander setzen mussten. 85 Prozent der Skipper und 71 Prozent der Crews bejahten die Frage. Der höhere Prozentsatz bei Skippern erklärt sich einfach durch die Tatsache, dass sie mehr Etappen gesegelt waren und in den Häfen häufiger an Bord bleiben mussten. Wir fragten außerdem, ob einzelne Crewmitglieder wegen einer persönlichen oder emotionalen Krise von Bord gehen wollten oder sollten. Überraschendes Ergebnis war, dass dies auf über der Hälfte der Yachten vorgekommen war. Ein derartiges Reiseende ereignete sich überwiegend auf Charteryachten, auf denen die Gäste für ihre Koje bezahlten. Lord Nelson soll einmal gesagt haben: „In den Häfen vergammeln sie alle – Schiffe und Männer." Unter diesem Motto befragten wir die Skipper, ob menschliche Krisensituationen sich überwiegend im Hafen oder auf See ereigneten. Erstaunliches Ergebnis: 85 Prozent der Skipper und 57 Prozent der Crewmitglieder zeigten sich überzeugt, dass persönliche Spannungen und Unverträglichkeiten mehr in einem Hafen zum Ausbruch kamen. Auf See hingegen sorgt die tägliche Routine des Wachsystems für Disziplin, die im Hafen häufig wegfällt.

So handelt denn auch die erste Frage eines Nicht-Seglers an einen Blauwassersegler fast immer von möglichen Stürmen, und in der Tat gibt es davon in den südlichen Ozeanen rund um Kap Hoorn und dem Kap der Guten Hoffnung mehr als reichlich. Schweres Wetter ist auf einer Weltumsegelung nicht unbedingt das Hauptproblem, zumal wenn die Route durch den Panama- bzw. Suezkanal führt. Die europäischen Regatten und fast alle Segel-Amateure ziehen diese Route vor, weshalb wir nach deren „schlimmsten Erlebnissen" fragten. Die Antworten der Skipper handelten stets von Materialversagen, von finanziellen Sorgen, menschlichen Schwierigkeiten, aber von Stürmen war in diesem Zusammenhang nie die Rede. Die „schlimmsten Erlebnisse" der Crew wurden indes differenzierter beschrieben. Da war von persönlichen Krisen die Rede, von Ängsten, die einen Segelneuling bei der Arbeit an Deck vor allem in der Nacht überkamen, und schließlich von Unfällen und Verletzungen. Dies betraf vor allem jene, die selbst unter solchen Bedingungen litten. Bei der Frage nach Müdigkeit klagten 85 Prozent der Skipper und 67 Prozent der Crew über Lethargie und Übermüdung. Die Teilnehmer der Studie äußerten sich zu seelischen Symptomen. 77 Prozent der Skipper und 50 Prozent der Crewmitglieder gaben an, unter solchen zu leiden. Am häufigsten wurden Ängste und Depressionen erwähnt. Das Ausmaß der Symptome hielt sich normalerweise in Grenzen und war unmittelbar von einer bestimmten Problemsituation abhängig. Wir kamen zu der Auffassung, dass die Persönlichkeit der meisten Skipper in der Regel stabil und robust ist. Ihre größere Müdigkeit ist offensichtlich dem erhöhten Arbeitspensum und dem Druck zuzuschreiben. Überwiegend waren die Stressfaktoren in fehlerhafter Ausrüstung, zwischenmenschlichen Problemen und mitunter auch in finanziellen Sorgen begründet. Diese Symptome ähnelten sehr stark jenen, die auch überarbeitete Manager plagen. Die Skipper leiden nicht etwa unter Segel-, sondern unter reinem Arbeitsstress.

Familiencrews

Familiencrews sind sicher die häufigste und wohl auch erfolgreichste Konstellation auf Langtörns. Berühmte Beispiele dafür sind die Hiscocks und Smeetons. Viele junge Paare segeln in Begleitung ihrer Kinder, während ältere Paare nicht selten andere Familienmitglieder auf längeren Schlägen mitnehmen. Unsere europäische Studie ergab, dass es bei Familien oder Paaren weniger Probleme gab. Wir wissen nur von einer erwachsenen Tochter, die nach einem Streit von Bord ging – ein Phänomen, das sich nicht aufs Segeln beschränkt. Geteilte Gefahren und Stress schweißen in der Regel Beziehungen zusammen. Am stärksten erwiesen sich jene Paare, deren Ehe sich über Jahre bewährt hatte und die eine individuelle Kommunikationsform für sich entwickelt hatten. Wir baten Crews, sie möchten ihren Skipper mit den Worten „gut, durchschnittlich oder schlecht" bewerten. Zwei Frauen strichen das Wort „gut" durch und ersetzten es mit „ausgezeichnet" – ein beachtliches Zeugnis nach 15 Monaten in einem kleinen Boot auf See.

Unsere Empfehlung für weniger segel-erfahrene Paare ist, keinen Unbekannten als Crewmitglied mitzunehmen. Dies kann zu Rivalitäten und Kompetenzstreitigkeiten führen. Die Tragödie um die Appolonia (Kapitel 4) ist ein extremes Beispiel für diese Gefahr. Im übrigen ist es für eine solche Person auch nicht einfach, mit einem Paar eng an eng zu leben, das dieses Boot als sein Zuhause betrachtet. Sollten Sie jedoch keine Wahl haben, dann verlangen Sie nach Referenzen und versuchen Sie, mit dieser Person zusammen zu leben, ehe Sie sich auf einen Transatlantik-Törn begeben. Familiencrews funktionieren offensichtlich dann am besten, wenn es sich um eingespielte Paare handelt, die höchstens von anderen Familienmitgliedern ergänzt werden. Schwierigkeiten waren dann vorprogrammiert, wenn man glaubte, mit der Situation nicht fertig zu werden und man sich auf ein unbekanntes Crewmitglied als zusätzliche Hand verließ. Zwei Partner und ein dritter als Anhang – diese Konstellation wurde in der Regel als einengend erlebt.

Alles verkaufen und lossegeln – was in Zeitschriften und Büchern häufig propagiert wird, eignet sich in Wirklichkeit nicht als Schnellschuss. Der Eintritt in den Ruhestand, das Verkaufen eines Hauses oder ein Umzug – dies allein sind schon Erfahrungen, die mit Stress und Veränderung verbunden sind. Das Leben an Bord unterscheidet sich sehr stark von einem normalen Urlaubstörn. Zwingend verbunden mit diesem Schnitt sind Trennungen von Familie und Freunden sowie deren Unterstützung, was vor allem von Frauen als hart empfunden wird. Die plötzlich auftretende Enge beinhaltet für beide Partner auch einen Verlust an Autonomie. Schon deshalb wäre es für ein Paar empfehlenswert, sich an den Lebensrhythmus an Bord zu gewöhnen, ehe man sich dem zusätzlichen Stress einer Ozean-Überquerung unterzieht. Nicht selten leiden einige Crewmitglieder oder auch der Skipper unter Angst und Depressionen, die sogar zu einer schweren Psychose führen und einen Abbruch der Reise zur Behandlung erforderlich machen können. Wir sind der Auffassung, dass etliche dieser Stress-Situationen unter der Voraussetzung hätten vermindert werden können, wenn man sich seinem Plan langsamer und besser vorbereitet genähert hätte. Die Schwierigkeiten waren dann am größten, wenn einer der Partner – in der Regel die Frau – nicht über ausreichend Segelerfahrung verfügte.

Die Paare mit dem größten Erfolg waren stets jene, bei denen die Rollenverteilung klar definiert war. Die eine Person fungierte als Skipper und war damit für Boot und Segeln verantwortlich, während die andere Person für Versorgung und „Haushalt" die Verantwortung hatte. Diese Aufgabenverteilung verschafft jedem die erforderliche Autonomie und reduziert Konflikte auf ein Minimum. Diese Einstellung mag zwar altmodisch und vielleicht auch sexistisch sein, doch die Realität hat gezeigt, dass in der Regel – wenn auch nicht immer – der Mann der Skipper ist. Dennoch haben wir im Rahmen der Studie ein Paar interviewt, bei dem sie der Skipper war und der Partner der Hausmann – oder wie man ihn sonst bezeichnen mag.

Ein ganz entscheidender Faktor ist – vor allem für ältere Paare – Geld. Offensichtlich ist es einfacher, mit 20 als mit 60 zum mittellosen Seezigeuner zu mutieren. Geldsorgen – vor allem, wenn man Haus und Hof verkauft hat, um den Trip zu finanzieren – können zur Belastung werden, wenn man keinen weiteren Rückhalt hat. Auch zu hohe Erwartungen von Paaren, die ihre ganzen Ersparnisse zusammengekratzt haben, um auf Reisen zu gehen, können für ein Scheitern verantwortlich sein. Ein Karriereknick und eine kaputte Ehe lassen sich so nicht lösen.

Kojen-Charter

Kojen-Charter ist selbst auf Transatlantik-Strecken weit verbreitet. In zahlreichen Regatten rund um die Welt befinden sich Anfänger an Bord, die für ihre Koje und Teilnahme bezahlt haben. Für viele von ihnen ist dies auch die einzige Möglichkeit, an einer Ozeanpassage teilzunehmen, wenn es für sie nicht sogar das Abenteuer ihres Lebens ist. Leider endet solch ein Törn nicht selten in Spannungen und Enttäuschungen. Nach unserer Studie ist die Wahrscheinlichkeit, dass es auf Charterbooten zu Streitigkeiten kommt, recht hoch. So wissen wir von einer Yacht, bei der sechs Kojen für umgerechnet je 30 000 Euro für die Weltumsegelung verchartert wurden, dass nicht ein einziger Teilnehmer bis zum Schluss dabeiblieb. Alle waren entweder freiwillig von Bord gegangen oder „gegangen worden". Und womöglich hätte so mancher Teilnehmer noch eher das Weite gesucht, wenn er nicht die gesamte Reise im Voraus bezahlt hätte.

Bedauerlich ist auch, dass etliche Vercharterer um ihre Existenz kämpfen und daher ihre Kojen mit x-beliebigen Teilnehmern füllen, die weder über Erfahrung

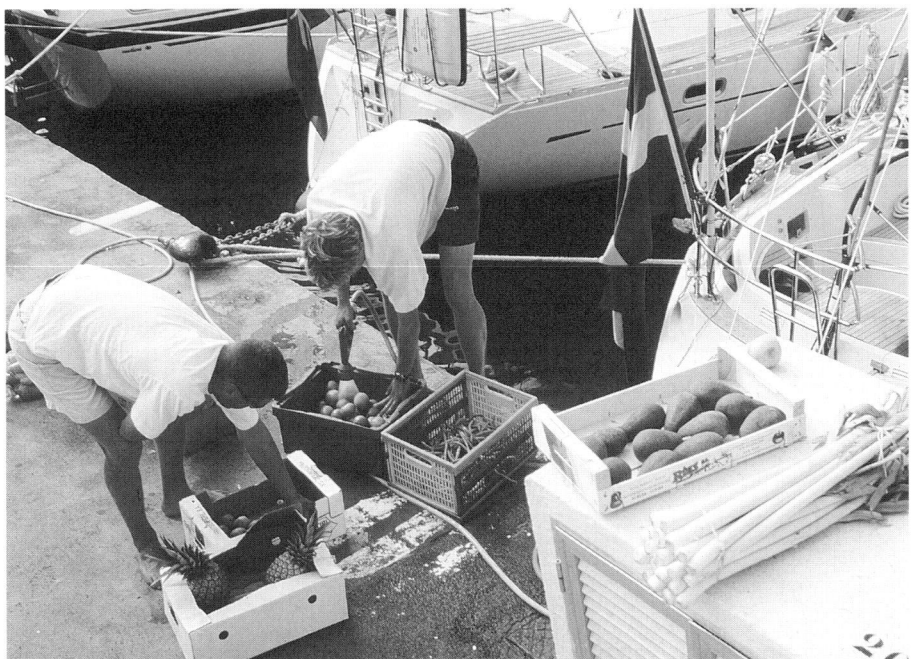

Beladen des Bootes mit Lebensmitteln. Richtige Vorbereitung und Planung sind der Schlüssel für eine erfolg-reiche Atlantiküberquerung. Foto: Jimmy Cornell

verfügen noch einander überhaupt kennen. Normalerweise wird solch eine Charteryacht von einem Skipper und einem Bootsmann geführt, wobei letzterer auch für den Proviant und die Arbeitseinteilung an Bord verantwortlich ist. Diese Kombination vereint die Funktionen einer Yacht mit denen einer überbelegten Pension.

Die meisten Skipper, die wir kennenlernten, waren außerordentlich fähige und erfahrene Segler, hatten jedoch Schwierigkeiten, Spannungen abzubauen, die durch die zahlenden Gäste entstanden. Zitat eines Charter-Skippers: „Etliche Charterkunden legen ein unsoziales Verhalten an den Tag und haben keinen Respekt vor denen, die für den Törn nichts bezahlen müssen." Die Kehrseite der Medaille ist ein anderes Zitat, das wir von zwei enttäuschten Charterkunden erhielten: „Du zahlst, um auf See als lebende Fracht und an Land als Nichtsnutz betrachtet zu werden." Zugegeben – ein Hafen ist für ein überbelegtes Charterschiff kein idealer Aufenthaltsort. So schrieb uns die Frau eines Charterskippers über „die allgegenwärtigen Fremden in ihrem Zuhause". Als sie eine Party geben wollte, lud sie all ihre Freunde ein und bat all jene, die etwas dagegen hätten, einfach fern zu bleiben. Allerdings hat die Dame offensichtlich vergessen, dass eine Charteryacht mit zahlenden Gästen kein Zuhause, sondern ein kommerzielles Unternehmen ist.

Was kann man bei Problemen dieser Art tun? Erstens würden wir empfehlen, dass sich die Gäste und der Skipper bzw. die Crew kennenlernen und prüfen, ob sie sich vertragen. Zweitens bedarf es eines Vertrags zwischen dem Skipper und der zahlenden Crew, der schriftlich die Rechte und Pflichten auf See und im Hafen regelt. Vorsicht ist geboten, will man sich auf einen Langtörn ohne entsprechende Segelerfahrung begeben. Missverständnisse bergen ebenfalls Konfliktstoff – während die einen erwarten, bedient zu werden, zahlen die anderen gerne dafür, dass sie arbeiten. Sehr hilfreich ist es ferner, wenn die Crew über ausreichend Geldmittel verfügt, um bei Landgängen für Hotelunterkünfte und Ausflüge zu sorgen. Einige Chartergäste glauben, dass diese Sonderleistungen in ihrem Beitrag für das Kojencharter bereits enthalten ist.

Nicht unerwartet dürfte auch die Tatsache sein, dass es zwischen jungen – und manchmal weniger jungen – Crewmitgliedern zu Liebesbeziehungen kommt. Bei einer Romanze an Bord verhält es sich wie bei einer Affäre am Arbeitsplatz – mit dem Unterschied, dass das „Büro" auf See so groß ist wie ein Flur, über keine Schalldämmung verfügt und auch niemand nach Hause geht. Meistens geht alles gut aus und alle sind glücklich. Doch leider bringen solche Liebesbeziehungen auch Spannungen und Eifersüchteleien mit sich. Ein Affäre an Bord eines kleinen Boots betrifft jeden, und es gibt etliche Beispiele, die dazu führten, dass die Crew auseinander ging.

Der World Cruising Club, Organisator der ARC (Atlantic Rallyee for Cruisers), übernimmt für die Zusammensetzung der Crews keinerlei Verantwortung. Dennoch bringt das gemeinsame Segeln einen unschätzbaren Wert für die Crews. Trotz kleinerer Reibereien überwiegt in den Häfen in der Regel die fröhliche Stimmung und der unterstützende Faktor der Organisatoren. Organisierte Veranstaltungen sorgen dafür, dass ein sozialer Austausch – in positiver wie negativer Hinsicht – stattfindet. Immer wieder kam es vor, dass Chartergäste auf dem einen Boot die Verhältnisse für unerträglich hielten, während sie auf dem anderen überglücklich waren. Zudem bringt diese Art Gemeinsamkeit auch ein Maß an Sicherheit. Grundsätzlich würden wir einem Segelanfänger empfehlen, sich an einer Großveranstaltung wie der ARC oder dem BT Global Challenge anzuschließen. Die Organisatoren dieser Veranstaltungen verfügen über viel Erfahrung und achten bei der Crewauswahl sehr stark auf Unverträglichkeiten.

Sämtliche Skipper, die ich kennengelernt habe, waren außerordentlich fähig und ihre Yachten seegängig. Dies ist freilich nicht immer der Fall. Grundsätzlich würde ich empfehlen, um Referenzen zu bitten, und mit aktuellen und früheren Crewmitgliedern zu reden. So mancher geht mit der Erwartung an den Start, das Abenteuer seines Lebens gebucht zu haben – um so schlimmer ist es, wenn die Reise ins Paradies in Spannungen und Misserfolg endet. Planen Sie ihre Reise auf keinen Fall, um vor irgendwelchen Schwierigkeiten zu flüchten. Diese werden unweigerlich nachfolgen. Nicht empfehlenswert ist ferner die Vorauszahlung des gesamten Trips. Zahlen Sie statt dessen für die erste oder auch zwei Etappen und warten Sie ab, wie sich alles entwickelt.

Alkohol und Drogen

Anlässlich unserer europäischen Studie fragten wir auch nach dem Alkoholkonsum, wobei acht Prozent der Regattateilnehmer angaben, dass durch den Genuss harter Getränke die Leistungsfähigkeit mancher Crewmitglieder erheblich gemindert wurde. Eine geradezu alarmierende Geschichte handelt von einer früheren Atlantiküberquerung, bei der der Skipper dem Stress nicht gewachsen war und für den Rest des Törns betrunken in seiner Kabine verbrachte. Klar ist, dass übermäßiger Konsum – besonders beim Skipper – eine Gefahr für die Sicherheit des Boots bedeutet. Daher bevorzugen einige Skipper – erst recht auf Regattayachten – „trockene" Törns, was durchaus von Vorteil sein kann. In kleinen Mengen genossen, mag Alkohol die Stimmung heben und die Gemeinsamkeit fördern, aber er sorgt auch für geringere Konzentration, schlechteres Urteilsvermögen und Koordination. Exzessiv getrunken, kann Alkoholkonsum zu Streit und Gewalttätigkeit führen – und offensichtlich ist es nicht bekannt, dass fortgesetztes starkes Trinken nicht selten zu Depressionen führt. Mehr als eine halbe Flasche Alkohol am Tag kann diesen Effekt haben. Skipper unterliegen diesem Risiko noch mehr als die Crews, deshalb sollte man Trinken als Ursache in Betracht ziehen, wenn jemand chronisch depressiv wird. In solch einem Fall stellt sich schon nach einwöchiger Abstinenz eine deutliche Verbesserung ein.

In den meisten europäischen Ländern ist Fahren unter Alkoholeinfluss strafbar. In Deutschland liegt diese Grenze bei 0,5 Promille. Diese Grenze scheint durchaus vernünftig zu sein, erlaubt sie doch den Konsum eines Glases Wein oder die entsprechenden Mengen an Bier bzw. anderen Alkoholika. Jeder, der mehr getrunken hat, trägt im Falle eines Unglücks oder gar Todesfalls zumindest die moralische Verantwortung. Man muss immer wieder daran erinnern, dass man bei einem Langtörn niemals „dienstfrei" hat. In einem Notfall können alle Hände an Deck gebraucht werden. Crewmitglieder, die aus ihren Kojen geholt werden müssen, laufen ohnehin Gefahr, sofort über Bord zu gehen, wenn sie an Deck kommen. Diese Gefahr erhöht sich noch, wenn die betroffene Person verwirrt oder wegen eines Rauschs beeinträchtigt ist.

Drogenkonsum scheint keine Rolle zu spielen, so das Ergebnis der Europa-Studie. Meine Empfehlung für das Verhalten an Bord ist unmissverständlich: Erlauben Sie keine Drogen an Bord und weigern Sie sich, mit Menschen zu segeln, die Sie im Verdacht haben, abhängig zu sein. Es besteht grundsätzlich ein hohes Risiko für irrationales Verhalten, außerdem kann es sehr schnell sein, dass die Crew in kriminelle Handlungen verwickelt ist.

Phasen der Verwirrung und Psychosen können unter Umständen auch nach der Einnahme von Medikamenten auftreten, sei es bei Anti-Histaminen, Tabletten gegen Seekrankheit und gegen Malaria. Sollte derartiges Verhalten auffällig werden, ist es in der Regel am besten, die Medikamente abzusetzen und das Problem wird sich innerhalb weniger Stunden von selbst lösen. Bei ruhigstellenden Medikamenten – einschließlich Antihistaminen oder Mittel gegen Seekrankheit – können Schläfrigkeit und Benommenheit die Wirkung von Alkohol noch gefährlich verstärken. Seekrankheit vergeht in der Regel nach einem Tag auf See. Für manche Segler allerdings bleibt das Problem bei rauer See erhalten. Etwa 30 Prozent der Seekranken leiden auch 48 Stunden nach Beginn unter den bekannten Symptomen.

Jeder weiß, dass Zigaretten die aufputschende Droge Nikotin enthalten. Unter Deck ist Zigarettenrauch unangenehm und kann Übelkeit und Seekrankheit verursachen. Nicht zuletzt deshalb ist Rauchen an Bord verboten. Selbst chronische Raucher brechen zum Törn auf, ohne ihre Zigaretten mitzunehmen. Sinn und Zweck ist es, die Sucht zu überwinden. Zwar gibt es viele medizinische Gründe, um das Rauchen aufzugeben, aber ein Langtörn über den Ozean ist mit Sicherheit der ungünstigste Moment. Der plötzliche Nikotinentzug führt zu Erscheinungen wie Reizbarkeit, Ängsten, schlechter Konzentration – alles Eigenschaften, die aus ihnen keinen verlässlichen Partner und beliebtes Crewmitglied machen. Das Rauchen aufzugeben, ist nur zu empfehlen, aber man sollte – ehe man in See sticht – über die schlimmsten Entzugserscheinungen bereits hinweg sein.

Medizinische Aspekte und Krankheiten

Für die Studie befragten wir 50 Teilnehmer einer Langstreckenregatta über medizinische bzw. chirurgische Probleme, die so schwerwiegend waren, dass sie einen Krankenhausaufenthalt erforderten. Bei dieser Gelegenheit sprachen wir auch mit einem Arzt, der die Regatta als medizinischer Berater begleitete. Im wesentlichen handelte es sich um Prellungen, zwei Beinverletzungen, zwei Unterleibserkrankungen, die operiert werden mussten, einen Herzinfarkt sowie einen schweren Fall von Depression. Ein junger Teilnehmer litt unter einer cerebralen Malaria und erkrankte schwer, weil die Hafenärzte seinen Fall nicht richtig diagnostizierten und entsprechend behandelten. Zum Glück erholte er sich wieder trotz zwischen zeitlicher Lebensgefahr.

Zusätzlich zu den üblichen Verletzungen und Krankheiten gab es ernstzunehmende Probleme mit Geschwüren, die sich die Patienten vorwiegend auf den Marquesas-Inseln zuzogen. Als Folge von Sandflohbissen entwickelten sich Geschwüre, die selbst nach Einnahme von Antibiotika nicht abheilten. Schließlich mussten die Patienten ins Krankenhaus, wo sie intravenös mit Antibiotika behandelt wurden, was bei manchen viele Wochen lang dauerte.

Sieben Teilnehmer mussten gar in ihre Heimat zurückgeflogen und zu Hause behandelt werden. Diese hohe Zahl von Patienten spiegelt die Tatsache wider, dass medizinische Betreuung abseits üblicher Routen – vor allem im pazifischen Raum – nicht immer gewährleistet werden kann. Es kann gar nicht oft genug betont werden, dass Segler in diesen Regionen so abgesichert sein sollten, dass die vollen Rücktransportkosten im Notfall abgedeckt sind.

Eine präzise medizinische Beratung ist nicht Zweck dieses Kapitels, aber jeder sollte sich vor einem langen Törn sorgfältig durchchecken lassen. Selbstverständlich ist eine Bordapotheke unverzichtbar, aber auch ein allgemeinmedizinischer Ratgeber sowie UKW-Funk, um medizinischen Rat einholen zu können. Jüngste Entwicklungen im Bereich der Satelliten-Kommunikation haben die Verständigung auf See erheblich vereinfacht und auch verbilligt. Es gibt viele Beispiele, wie über Funk medizinische Hilfe gegeben werden konnte, mit Hilfe derer eine richtige und wirkungsvolle Behandlung auf See eingeleitet wurde.

Die Teilnehmer an der ARC stehen im täglichen Funkkontakt zu den Organisatoren, wobei auch unter den Seglern selbst Ärzte waren. Die Tatsache, dass sie unter denselben Bedingungen lebten, machte ihren Rat besonders wertvoll und zum wichtigen Beitrag zur Sicherheit der Regatta. In diesem Zusammenhang spielen auch Amateurfunker eine wichtige Rolle, können diese doch weltweit einen Rat von Spezialisten einholen.

Errungenschaften

Eine Auflistung aller möglichen medizinischen und psychologischen Risiken hinterlassen einen allzu negativen Eindruck. Trotz der Belastungen und Kosten bleibt doch der Triumph und die Erfüllung, mit einem kleinen Boot den Ozean bezwungen zu haben. Auch in dieser Hinsicht war die Einstellung der europäischen Crews symptomatisch. Die meisten waren stolz auf ihre Leistungen und davon überzeugt, dass die Hindernisse auf dem Weg dahin eine untergeordnete Rolle spielten: Sie hatten ihren Traum verwirklicht. Besonders die Familiencrews waren Stolz erfüllt, und Anfänger waren innerhalb der 14monatigen Reise zu echten Seglern avanciert.

Es mag wenig erstaunlich sein, dass vor allem jüngere Crews das größte Erfolgsgefühl für ihre eigene Entwicklung während der Weltumseglung hatten. Einige von ihnen haben sich tatsächlich von ganz unten auf der Karriereleiter hochgearbeitet – vom zahlenden Gast über den arbeitenden Mitsegler, bezahlten Mitsegler bis hin zum bezahlten Skipper. Über die Hälfte der Teilnehmer gab an, den Törn noch einmal machen zu wollen und dabei an schönen Plätzen der Welt – etwa im Pazifik – länger zu verweilen. Einige gaben auch zu, bei dem Gedanken, ins „normale Leben" zurückkehren zu müssen, Schwierigkeiten zu haben. Und mehr als die Hälfte wollte auf jeden Fall noch eine Weltumseglung unternehmen. Die Aussage eines Skippers ist kennzeichnend für viele, als er sagte, er werde dieses Gefühl der „Freiheit, immer gehen zu können" stets wahren.

Segeln ist eine Freizeitbeschäftigung, die einen ein Leben lang begleiten kann. Familien mit kleinen Kindern und sogar Babys scheinen auf See glücklich und gesund zu sein. Offensichtlich fruchtet auch die elterliche Erziehung, da die meisten Kinder problemlos und ohne Schwierigkeiten den Weg zurück in den Schulalltag finden. Ob auf See oder an Land – spätestens in der Pubertät sind die Jugendlichen der familiären Zwänge überdrüssig und wollen Freundschaften mit Gleichaltrigen entwickeln. Auch ihre schulische Ausbildung muss in diesem Alter vorangetrieben werden, weshalb viele Eltern diesen Zeitpunkt wählen, in die „Zivilisation" zurückzukehren.

Jeder Landgang ist auch ein Erfolg: Die Artemis, die Yacht des Autors, liegt nach erfolgreicher Atlantiküberquerung vor Barbados vor Anker.

Bezahlte Crewmitglieder sollten jung und durchtrainiert sein, doch viele Eigner und segelnde Paare sind zwischen 50 und 60 Jahre alt. Häufig haben sie eine erfolgreiche Karriere hinter sich und dabei so viel Vermögen angesammelt, dass sie in der Lage sind, eine seegängige Yacht zu erwerben. Führungsqualitäten und Fähigkeiten, die ihnen auch im Beruf halfen, kommen ihnen auch als Segler entgegen. Erfolgreiche Männer und Frauen sind in der Regel gute Führungspersönlichkeiten – und somit auch potentiell gute Skipper. Doch nicht jeder auf einem erfolgreichen Törn muss zwingend jung und fit sein. Eine der beachtenswertesten Leistungen in Europa war die einer 75jährigen Frau, die als zahlender Gast an der Rallye teilnahm. Sie beendete die Weltumseglung, obwohl sie sich vor Tahiti ernsthaft verletzte. Ein Anker hatte sich um ihr Bein gewickelt und sich tief eingeschnitten. Nach ihrer Behandlung in einem britischen Krankenhaus reiste sie „ihrem" Boot nach Cairns in Australien hinterher. Für jeden hatte sie ein gutes Wort und alle Crewmitglieder schwärmten auch für sie. Nach diesem Erfolg war es ihr Ziel, an einer weiteren Rallye teilzunehmen, um auch die ihr fehlende Etappe komplett zu machen.

Potentiellen Aussteigern würde ich folgenden Rat geben: Schneiden Sie nicht alle Bande durch. Eine Weltumseglung ist auch dann eine Herausforderung, wenn man sie mit moderner Ausrüstung bewältigt. Reduzieren Sie die psychischen Belastungen, indem Sie finanzielle Vorsorge treffen – auch für plötzliche Veränderungen in ihrem Lebensplan. Bereiten Sie sich auf den Ruhestand vor und auf Trennungen von Heim, Familie und Freunden. Eine sorgfältige Planung und Vorbereitung sind entscheidend.

Veranstaltungen wie die ARC sind ausgezeichnet geeignet, sich an einen Blauwassertörn zu gewöhnen. Vor Beginn der Rallye finden in Las Palmas Blauwasser-Seminare statt, bei denen auch Nicht-Teilnehmer willkommen sind. Diese sind eine erstklassige Gelegenheit, zu lernen, Fragen zu stellen und dabei mitzuerleben, wie Dutzende Crews sich auf den großen Start vorbereiten. Segeln bedeutet lebenslanges Lernen – über die See und über uns selbst.

Der Platz einer Frau ist am Steuer

Ros Hogbin

Die vorangegangenen Kapitel beschäftigten sich mit den Aspekten modernen Langstreckensegelns und der Frage, wie Chartercrews, Familien und Paare miteinander auskommen. Zu Recht kann man sagen, dass Frauen im Segelsport eine gleichwertige Rolle übernommen haben, sei es in der Mannschaft als auch bei den anstehenden Arbeiten. Weibliche Skipper jedoch haben sich erst in jüngster Zeit auf dem internationalen Regattaparkett einen Namen gemacht und sind auch als Skipper einer Fahrtenyacht anerkannt. In diesem Kapitel beschäftigen wir uns mit einigen wenigen Frauen, die in einem sehr spezialisierten Bereich ihren Weg gefunden und dabei auch mit kompromisslosem Einsatz während einer Regatta Pionierleistungen in der Spitze erbracht haben.

„Die Welt der Seefahrt ist für Frauen ungeeignet und führt bei ihrer Anwesenheit unweigerlich in die Katastrophe ... kurz, sie sind der Ballast des Teufels." So das Klischee in den vergangenen Jahrhunderten. „Sie sind nicht nur schwach, hysterisch und kraftlos, sondern sie halten die Männer auch nur von ihren Pflichten ab; sie bringen den Schiffen, auf denen sie sich befinden, nur Unglück. Übernatürliche Winde rufen sie herbei, die die Schiffe versenken und die Männer ertränken."

Trotz solch wenig verheißungsvoller Beschreibungen, soll es durchaus Frauen gegeben haben, die zur See fuhren. Historischen Berichten zufolge hinterließen weibliche Piraten, etwa Anne Bonny, Mary Read und Grace O'Malley ihre Spuren. Auch gab es Frauen, die auf Schiffen der königlich britischen Marine ihren Dienst taten, selbst wenn man sie versteckte und ihre Präsenz offiziell verleugnet wurde. Neben Prostituierten und den Frauen der Offiziere lebten einige Frauen in Uniform und mit verfälschtem Namen in der Männergesellschaft. Im Falle ihrer Enttarnung wurden sie entlassen. Eine dieser Frauen hieß „William Brown" und machte zwölf Jahre lang Karriere bei der Navy. Sie war bekannt dafür, dass sie bestens die Segel bedienen und Befehle erteilen konnte und gleichzeitig den Respekt ihrer Kameraden genoss. Zur See fuhr sie nur deshalb, weil sie sich mit ihrem Mann über Geld gestritten hatte.

Doch erst mit der zweiten Hälfte der 20. Jahrhunderts, als Segeln als Sport anerkannt war, begannen Frauen sich auf eigenen Booten der Herausforderung zu stellen.

Pioniere der Langstrecke

Von Kindesbeinen galt Clare Francis als abenteuerlustig und träumte davon, ferne Länder zu entdecken. Als junge Frau wettete sie um ihr Erbe, weil sie behauptete, sie könne mit dem 32-Füßer Gulliver G. den Atlantik überqueren – sie gewann die Wette. Beim Round Britain Race machte sie erstmals Bekanntschaft mit einer Langstrecken-Regatta, wovon sie völlig fasziniert war. Die Idee, 1976 an dem als härtestes Einhand-Wettrennen der Welt bekannten Ostar-Race teilzunehmen, ließ sie nicht mehr los: Es ging um den „Wettkampf zwischen Mann und Meer... dem eigentlich unmöglichen Rennen in einem ungeeigneten Gefährt."

In ihrem Buch „Come Hell and High Water" stellte sie die Frage nach dem „Warum", um festzustellen, dass für die meisten die Attraktion lediglich in der Härte des Rennens bestand. Für sie selbst war es indes das große Abenteuer, bei dem es galt, seine sieben Sinne beieinander zu haben und sich gegen die See durchzusetzen. Das ganze auch noch Einhand, bedeutete nichts weiter als Befriedigung und Erfüllung. Als Einzelgängerin galt sie dennoch nicht: „Alleinsein ist eine Härte, die man ertragen muss, und kein Luxus, den es zu genießen gilt. Natürlich gibt es Risiken ... wie bei vielen anderen Sportarten. Aber sicher ist ein Abenteuer ohne sie auch kein Abenteuer."

Noch in den 70er Jahren war die Einstellung der britischen Öffentlichkeit gegenüber dem Ostar-Race eher zurückhaltend und „gentlemanlike" – das Gewinnen eines Rennens war nicht so wichtig, ‚es sei denn, das Schicksal spielte den Teilnehmern einen Streich und man kam als Erster an. Das Rennen durfte einfach nicht mit dem Hauptzweck des Abenteuers in Konkurrenz treten, der da hieß: Verbringe eine angenehme Zeit in Plymouth, überquere den Atlantik in guter Seemannschaft und in nicht allzu langer Zeit und verbringe eine noch angenehmere Zeit der Erholung in Newport."

Ungeachtet dessen stellte sich Clare Francis der Realität des mörderischen Rennens oder, wie sie es ausdrückte „dem üblichen Elend der meisten Reisen – der aufsteigenden Feuchtigkeit, dem schrecklichen Lärm eines Sturms, dem unendlichen Nebel, dem Jucken der Kopfhaut, die von Nägeln bedeckt zu sein scheint. Dies alles kombiniert mit der Einsamkeit, mit Eisbergen, mit 55-Knoten-Winden und 35-Fuß-Wellen. Als sie die Grand Banks erreichte, erfasste sie eine große Leere: „Ich wurde mir meiner Existenz bewusst – eine kleine Person inmitten eines riesigen Ozeans. Es war kalt und ich fühlte mich einsam.". Übers Fernsehen vermittelte Clare Francis ein sehr menschliches Bild ihrer Freuden und Leiden. Sogar einen Blick auf ihre Verletzlichkeit ließ sie zu, als sie in die Fernsehkamera weinte. Sie belegte den 13. Platz und war damit das erste britische Einrumpfboot und die schnellste Frau, hatte sie doch den Rekord um drei Tage unterboten: „Um bei einem Einhand-Rennen teilnehmen zu können, benötigt man eisernen Willen und Entschlossenheit." Aber: Nochmal würde sie es nicht machen.

1977 heuerte Clare Francis als Skipperin einer gemischten Crew auf der ADC Accutrac zum zweiten Whitbread Round The World Race an. Mit im Rennen auch ihr Mann Jacques Redon. Diese Zeit in den Süd-Meeren entpuppte sich für sie als Wechselbad der Gefühle: Auf der einen Seite die Angst, ihren Mann Jacques auf See zu verlieren, auf der anderen die Erleichterung nach einem überstandenen Sturm – und schließlich die Ehrfurcht bei Winden um Stärke 10: „Deshalb sind wir hier und wir segeln mitten durch. Ein wunderschöner, kraftvoller, fantastischer Ozean. Als ich ihn beobachtete, empfand ich keine Angst, lediglich Bewunderung." Clare Francis war die erste Skipperin einer Whitbread-Yacht, die einen beachtenswerten 5. Platz von 15 Teilnehmern belegte.

Sie stellte sich den selbstgewählten Herausforderungen und ging an die Grenze dessen, was in den späten 70ern überhaupt denkbar war. Ihr Abenteuergeist und ihre Entschlossenheit sorgten dafür, dass sie die wenigen segelnden Frauen vor ihr übertrumpfte. Sie hatte den Weg markiert – nun sollten andere folgen. Die Zeit ihrer Segelabenteuer waren vorbei. Der professionelle Segelsport steckte zwar in den Kinderschuhen, aber die wenigen männlichen Segler und sie selbst hatten dafür gesorgt, dass es ein Podest gab, auf dem sie stehen konnten. Clare Francis hatte im Segelsport erreicht, was sie wollte. Weitere Ambitionen hatte sie nicht; sie war zufrieden damit, dass die Erinnerung an ihre Leistungen mit der Zeit verblassen würden.

An der Stelle, an der Clare Francis den Staffelstab abgelegt hatte, nahm ihn eine gewisse Naomi James wieder auf. Ebenfalls hatte sie als Kind von großen Abenteuern geträumt. Sie wuchs auf einem Bauernhof auf und galt als ebenso schüchtern wie stur. Und sie war von Outdoor-Aktivitäten begeistert: „Ich liebte es, an stürmischen Tagen, wenn der Wind durch die Bäume pfiff und der Regen in Sturzbächen durch die Täler floss, draußen zu sein. Ich war von den Elementen fasziniert und pflegte dies, weil mich hier niemand kontrollierte." Das Treffen mit Rob James war zugleich auch ihr Einstieg ins Segler-Dasein. Bis sie Chay Blyth kennenlernte, der ihr auch zu ihrem ersten Boot für den Einhandtörn verhalf, war es nicht mehr weit: „Was mich an anderen Einhandseglern faszinierte, war ihr Alleinsein. Ich spürte, dass manche Menschen ihre Stärke besser alleine ausdrücken konnten als in Gemeinsamkeit – und ich hatte das Bedürfnis, zu dieser Kategorie Mensch gehören zu müssen. Ich identifizierte mich mit ihrer Fähigkeit, allein zu funktionieren, was wiederum mein Selbstvertrauen und die Auffassung stärkte, dass derartige Leistungen möglich sind: Alles nach dem Motto – warum soll ich nicht können, was die können?"

Die Möglichkeit einer Nonstop-Einhand-Weltumseglung faszinierte sie: „Es war irgendwie eine Verpflichtung gegenüber mir selbst. Hätte ich davon Abstand genommen, wäre es einer Kapitulation gleich gekommen, mit der ich unmöglich leben konnte. Es war nicht das Segeln selbst, was mich besonders beeindruckte ... ehrlich gesagt, mochte ich Segeln gar nicht besonders. Was mich begeisterte, war das Gefühl auf See, ein Gefühl des unendlichen Raumes. Dass es den Segelsport traf, war der reine Zufall; wäre Rob indes Bergsteiger, Skispringer oder Höhlenforscher oder was auch immer gewesen, ich glaube, ich hätte auch dies als Vehikel benutzt.

Die Gründe spielten keine Rolle mehr. Was zählte, war, dass Naomi James los-segelte – so wie Chay Blyth, als dieser erstmals die Welt umrundete: „Die physi-schen Herausforderungen waren zwar bemerkenswert, aber man konnte sich ihnen anpassen, zur Not auch mit Gewalt. Die geistige Herausforderung indes schien leichter zu bewältigen zu sein, weil ich mich in natürlicher Umgebung wähnte. Unter psychischem Stress in Form jener ungreifbaren Alltagsängste litt ich nicht. Dazu war das Leben an Bord auch allzu pragmatisch. In der Regel ging es darum, immer weiter mit dem zu machen, was jede einzelne Stunde so brachte.

Naomi James ertrug alle Höhen und Tiefen, die für einen derartigen Solo-Trip typisch sind: Keine Kommunikationsmöglichkeiten, als das Funkgerät ausfiel, gna-denlose Winde und langsames Vorankommen, das Über-Bord-Gehen ihrer Katze, Navigationsfehler und schließlich der Frust nach einem abgerittenen Sturm. Als auch noch die Selbststeuerungsanlage irreparabel zu Bruch ging, war ein Umweg über Kapstadt unausweichlich, was jedoch den Traum vom Nonstop-Törn been-dete: „Ich bin hier draußen, um zu beweisen, dass ich ein rational denkender, un-abhängiger Mensch bin, der ganz bewusst an die oberen Grenzen der menschlichen Leistungsfähigkeiten herangeht, aber überleben will. Das Schöne an diesem einsa-men Leben auf See ist, dass meine Grenzen physisch und psychisch gesteckt sind. Gelingen oder Versagen hängen von meinem eigenen Bemühen ab und werden nicht von außen beeinflusst."

Am Ende ihres Buchs „At One with the Sea" schrieb Naomi James, dass diese Reise ihren Horizont unendlich erweiterte: „Ich mochte es kaum aussprechen...aber ich wusste, dass es sehr wichtig war... Dass diese extreme An-strengung erforderlich war, ist vielleicht bedauerlich, aber alles ist durch die Tatsa-che mehr als ausgeglichen, das ich mich als kompetente und erfolgreiche Person bewiesen habe."

Naomi James war die erste Frau, die allein um die Welt segelte. Es war der Höhe-punkt einer Segelkarriere und eine außergewöhnliche Leistung für jemanden, der eigentlich diesen Sport nicht richtig mochte. Eine Zeitlang nahm sie noch an Re-gatten teil, hatte aber keine längerfristigen Segelambitionen. Wie Clare Francis hängte sie kurz darauf das Segeln an den Nagel: „Ich zog mich in dem Moment aus dem Segelsport zurück, als ich nach dem Round Britain und dem Ireland Race wie-der auf festem Boden stand. Ich schwor, nie wieder zu segeln. Und ich habe nie wieder gesegelt."

Professionelle Teamarbeit

Im selben Jahr, als Naomi James ihre legendäre Reise unternahm, verließ die16jährige Tracy Edwards ihr Elternhaus, um zur See zu fahren. Ihr erster Kon-takt mit der Welt der Profisegler war zugleich auch ein Wendepunkt. Ihre irrige negative Selbsteinschätzung mündete auf einmal in der Entschlossenheit, auf Boo-ten arbeiten und mit ihnen die Spitze erreichen zu wollen. All ihr Streben kon-zentrierte sich fortan aufs Whitbread-Race, das sich zum vollwertigen Rennen entwickelt hatte, bei dem aber Frauen eine Seltenheit waren. Der Kontakt wirkte wie Öl aufs Feuer ihrer Ambitionen, und so nahm sie 1985/1986 am Rennen teil. Die frischgebackene Köchin auf der Atlantic Privateer beschrieb ihre Crew als „härteste und rauste Segler der Welt. Der Ruf der Yacht war legendär – wegen des Macho-Gehabes und der allgemeinen Verwahrlosung." Kaum verwunderlich, dass einer der Männer sie im nächsten Hafen loswerden wollte. Kaum verwunderlich, dass sie natürlich blieb und das Rennen beendete!

„Als ich darüber nachdachte, mit einer reinen Frauencrew am Whitbread teilzunehmen, war es vor allem deshalb, weil ich anderen Frauen die Chance einräumen wollte, die man mir verweigert hatte. Es war irgendwie ein Traum das zu erreichen, was andere für unmöglich erachteten." Nie zuvor war Tracy Edwards Skipperin gewesen, aber für die folgende Whitbread-Kampagne wollte sie die Herausforderung annehmen. Sie arbeitete hart daran, in den Jahren 1986 bis 1989 eine Crew zu finden, ihr Boot zu reparieren und vorzubereiten und ausreichend Sponsorengelder einzutreiben.

Mit Beginn des Whitbread-Race stand Tracy Edwards als Skipper und Navigatorin an Deck ihres Bootes und hatte nur eins im Sinn – den Sieg. Dieses Rennen schien sie völlig zu erfüllen: „Heiterkeit, die Freude, am Leben und gesund zu sein. Alles um einen herum ist wunderbar. Tiefempfundene Liebe für jeden an Bord. Wie soll man das jemandem erklären? Wie soll man es erfassen? Es ist einer jener Momente, die jeder einmal erlebt haben muss." Dieser Euphorie standen natürlich auch die unvermeidlichen Tiefpunkte entgegen: „Ich fühle mich, als würde ich gegen eine Wand rennen. Ich kann kaum ausdrücken, welchen Druck ich empfinde. Mein Siedepunkt ist nicht mehr weit weg." Oder: „Ich war verängstigt, ekstatisch, depressiv, zuversichtlich, unsicher, mutig und feige." Unter Tracy Edwards Führung gewann die Maiden ganze zwei Etappen und belegte im Gesamtklassement den zweiten Platz: „Ich hätte nie zu hoffen gewagt, dass es so ausgehen würde. In mir ist ein neues Selbstvertrauen, innere Stärke und Sicherheit."

Tracy Edwards eiserner Wille, erfolgreich sein zu wollen, war typisch für sie und unterschied sie von ihren Vorgängerinnen. Ehrgeiz und Regatta-Karriere trafen wie zufällig aufeinander – und das etliche Jahre nach der Reise von Naomi James. Doch anders als ihre weiblichen Vorgängerinnen dachte sie nicht daran, die Segel-Arena zu verlassen und machte sich als professionelle Skipperin mit weiblichen Crews einen Namen. Auch einen neuen Rekord bei der Jules-Verne-Trophy hatte sie mit ihrem 92-Fuß-Katamaran angepeilt, musste aber 2000 Meilen vor Chile nach einem Mastbruch aufgeben. Inzwischen verfolgt Tracy Edwards einerseits ihren neuen Beruf als Motivations-Trainerin, und sucht andererseits nach neuen Herausforderungen im Renngeschäft.

Mit einem Unterschied

Segeln ist ein Sport mit vielen Facetten. Für manche Frauen ist der Ruf der See gleichbedeutend mit dem Ruf nach Langstrecken. Denise Evans war Skipperin eines Bootes, auf dem sich auch ihre drei Söhne befanden, die damals sechs, acht und zehn Jahre alt waren. Nachdem sie Astro-Navigation erlernt hatte, segelte sie zwischen den Azoren und den karibischen Inseln. Im Alter von fast 60 Jahren ging sie mit einer gemischten Crew auf einen Törn, der sie von der Magellan-Straße bis in den Beagle Channel führte, um 1998 noch eins draufzusetzen, als sie mit einer sehr jungen Crew bis nach Grönland segelte: „Ausdauer ist besser als Talent", meinte sie nur, „Motivation gehört natürlich auch dazu, denn mit ihr kann man ausdauernd sein."

Anne Hammick, Autorin mehrerer Segelbücher, lernte den Segelsport noch als Teenager kennen. Sie überquerte den Atlantik, arbeitete in der Karibik und war Crewmitglied bei einem Überführungstörn über den Atlantik nach England. Mit 28 Jahren skipperte sie gemeinsam mit ihrer Schwester eine Freedom 35 bei der Twostar-Regatta 1981, einer Transatlantik-Wettfahrt für Zweier-Crews. Kaum zurückgekehrt, kaufte sie sich eine Rustler 31 mit dem Namen Wrestler of Leigh, um mit diesem Schiff zwischen der Karibik und England zu pendeln. Noch heute lebt sie in Falmouth an Bord ihrer Yacht: „1984 bin ich für den ersten Langtörn an Bord der Wrestler gezogen und seitdem auch nie wieder zurück an Land."

Nicht viel anders erging es Anna Brunyee, die im Alter von 16 Jahren nach einem Kurs im Ocean Youth Club sich für immer dem Segelsport verschrieb. Stück für Stück kletterte sie die Karriereleiter nach oben, bis sie als Skipperin der clubeigenen 72-Fuß-Ketsch anheuern durfte. Im Jahr 1990 hatte sie sich als Segellehrerin und -Prüferin qualifiziert, um kurz darauf den Schoner Mary Bryant zu kaufen, mit dem sie Chartertörns in der Karibik, auf Island und in Schottland unternahm: „Ich liebe die Unabhängigkeit, die Freiheit und Eigenverantwortlichkeit...Ich bin einfach glücklich darüber, dass ich einen Job mache, der mich ausfüllt. Ich bin auch glücklich, ohne viel Zeit und Raum für mich selbst zu haben. Mich interessieren andere Menschen und ich liebe harte Arbeit."

In dem Buch „Maiden Voyage" beschrieb die Amerikanerin Tania Aebi ihre Einhand-Weltumseglung, zu der sie loslegte, als sie gerade 18 Jahre alt war. Mit ihrer 26-Fuß-Yacht benötigte sie insgesamt zweieinhalb Jahre, wovon sie sich 360 Tage ganz allein auf See befand. Hinter ihr lag eine turbulente Kindheit mit einem rastlosen und abenteuerlustigen Vater. Er war davon überzeugt, dass Tania etwas aus ihrem Leben machen sollte. Der Tag, an dem sie ablegte, war auch der Tag, an dem Tania erstmals ganz allein am Ruder stand: „Da war niemand, der mir irgendwie helfen konnte. Niemand, der eine Antwort auf meine tausend Fragen gehabt hätte. Niemand, der mir sagte, ob ich zu viele Segel setzte."

Das Problem, allein loszusegeln, begleitete sie auf ihrer gesamten Reise: „Psychologisch waren die ersten Tage am schwierigsten. Es dauerte eine ganze Weile, ehe ich mich an die neuen Verhältnisse gewöhnt hatte. Es war mir fast unmöglich, mein Tempo herunter zu fahren und mich dem plötzlichen Frieden und der Ruhe hinzugeben. Meine Gedanken kreisten die ganze Zeit um navigatorische Albträume sowie um Wetterkatastrophen. Doch mit den Tagen gewöhnte sich auch meine innere Uhr langsam an den neuen Rhythmus. Es war, als bringe mein Stoffwechsel auch meine Gedanken zu einem Punkt der Klarheit, den man an Land kaum erreicht."

Sie überquerte den Pazifik und den Indischen Ozean, kämpfte sich ihren Weg durch das Rote Meer und durchs Mittelmeer. Schließlich ging's noch über den Atlantik, um heil Zuhause anzukommen: „Ich war plötzlich an demselben Ort, an dem ich schon mit 18 war und den ich zu meiner Jungfernreise voller Ängste um meine Zukunft verlassen hatte. Und plötzlich wurde mir klar, dass ich vor der Zukunft keine Angst zu haben brauchte. Und wenn mir mein Leben auf See eines beigebracht hat, dann dies: Nimm jeden Tag so wie er ist und mache das beste aus den gegebenen Möglichkeiten."

Herausforderer

Mit den sich häufenden Segelmöglichkeiten, ergaben sich für Einzelne auch mehr und mehr Chancen, an weltweiten Wettfahrten teilzunehmen. Kay Cotee war im Juni 1988 die erste Frau, die Einhand, ohne Hilfe von außen und nonstop, um die Welt segelte. Seit ihrer Kindheit hatte sie in australischen Gewässern navigiert, wo sie nebenbei auch eine Werft sowie ein Charterunternehmen gründete. Intensiv befasste sie sich vor ihrer Abreise mit ihrer Psyche und deren Zustand auf offener See. Sie konsultierte Sportpsychologen, die ihr alle Ängste vor Augen führten, sei es die Kollision mit einem Eisberg oder Container, die Auseinandersetzung mit dem Wetter oder sogar mit Piraten.

Auf halber Strecke beschrieb Kay Cotee ihre Gefühle: „Ich liebe es, hier draußen auf mich allein gestellt zu sein. Kein Telefon, kein Druck, nur die Herausforderung, sich täglich mit den Elementen auseinander setzen zu müssen... um nichts in der Welt würde ich mit jemand anderem tauschen wollen." Nachdem sie die tropischen Breiten verlassen hatte und wieder in höheren Breiten segelte, lasen sich ihre Kommentare wie folgt: „Zum Glück mag ich den Ozean in all seinen Stimmungen, sonst könnte man angesichts der dunklen Wolken und Stürme, die mir in den nächsten zwei Monaten bevorstehen, schon depressiv werden." Es folgten Augenblicke des Ärgers, des Frusts und des Schmerzes. Ihre Stimmungslage nahm klaustrophobische Züge an: „Mich quälten Schifffahrtsrouten und mich beengte das Land, obwohl es auf allen Seiten Tausende von Meilen entfernt war." Auch mit heftigen Windstößen von bis zu 75 Knoten hatte sie zu kämpfen. Denkbar knapp war auch die Beinahe-Kollision mit einem stählernen Gegenstand: „Doch nicht ein einziges Mal kam mir der Gedanke ans Aufgeben in den Sinn. Im Gegenteil – ich war entschlossener denn je, mich nicht unterkriegen zu lassen."

Als Kay Cotee sich ihrem Ziel Australien näherte, überfiel sie eine tiefe Traurigkeit, die so intensiv war, dass sie noch kurz vor dem Ziel abdrehte, um wenig später dann doch ihren Traum zu erfüllen. Nach wie vor segelt sie in ihrer Freizeit, arbeitet jedoch auch als Motivationstrainerin – ein Beruf, mit dessen Hilfe sie Gelder für wohltätige Zwecke sammelt.

Eines der größten seglerischen Herausforderungen überhaupt ist zweifellos das

Chay Blyth BT Global Challenge, bei dem Profiskipper und Amateur-Crews alle vier Jahre teilnehmen können. Erstmals fand es 1992/1993 statt, damals noch unter dem Namen British Steel Challenge. Baugleiche Stahlboote sollten entgegen der vorherrschenden Winde und Strömungen um die Welt segeln. Unter den zehn teilnehmenden Skippern war mit Vivien Cherry eine Frau. Allerdings musste sie feststellen, dass ihre eigenen Erwartungen sich von denen ihrer Crew erheblich unterschieden: „Da ich selbst vom Segeln besessen bin, ging ich davon aus, dass auch meine Crew meine Gefühle teilen würde." Unerwartet spürte sie die Last auf ihren Schultern, eine Amateurmannschaft motivieren zu müssen: „Das Einzige, was uns verband, war der uneingeschränkte Wille, diese Reise durchführen zu wollen."

Sie lavierte sich durchs Rennen, indem sie akzeptierte, dass sie eine einsame Kämpferin war, der es schwer fiel, ihre Crew zu verstehen. Schließlich war sie davon überzeugt, dass Einhandsegeln für sie die bessere Alternative bot. Unabhängig davon steuerte sie die Coopers & Lybrand um die Welt. Gegen Ende des Rennens resümierte Vivien Cherry, dass sie einen Psychologie-Kurs der harten Art absolviert hatte. Motivieren eines Teams – nicht etwa in einem 14tägigen Kurs, sondern während einer einjährigen Weltumseglung: „Waren es die Karten, die ich in den Händen hielt oder war es schlicht die Art, wie ich spielte", so stellte sie danach ihren eigenen Führungsstil in Frage: „Ich denke, es lag daran, wie ich spielte. Die Karten selbst waren in Ordnung."

Beim Millennium BT Global Challenge acht Jahre später standen mit Lin Parker und Alex Phillips schon zwei Frauen am Ruder. Dank der zurückliegenden zwei erfolgreichen Rennen, waren die Challenge-Organisatoren noch vorsichtiger bei der Auswahl der zwölf Skipper, die einen strengen Auswahlprozess durchlaufen mussten. Der Schwerpunkt lag hierbei nicht zuletzt auf dem Management und den Führungsqualitäten: „Es war wohl das härteste Bewerbungsverfahren, an dem ich jemals teilgenommen habe", bekannte Lin Parker, eine Frau mit immerhin 20jähriger Segelerfahrung und 150 000 Seemeilen im persönlichen Logbuch. In ihrer Jugend in Sambia hatte sie lernen müssen, was Unabhängigkeit und Bescheidenheit bedeuten. Zum Segelsport kam sie über den Ocean Youth Club. Mit ihren Erfahrungen, der Teilnahme am Round Britain und Ireland Race zusammen mit einer Anfängercrew, sowie ihrer Ausbildung als Segellehrerin war sie bestens für die kommenden Aufgaben qualifiziert. Ihr natürlicher Enthusiasmus für den Sport sowie das unausgesprochene Vertrauen in die eigenen Fähigkeiten ergänzten sich geradezu ideal mit dem modernen Anspruch, dass das Geschlecht in solch einer Frage keine Rolle spielt.

Auch Alex Phillips stieß zum Ocean Youth Club, wo sie sich ihr seglerisches Fundament aneignete. Sie studierte Yacht-Design und Bootsbau an der Universität – und war damit eine von zwei Studentinnen dieses Jahrgangs. Weiterhin erteilte sich auch noch Segelunterricht, eine Tätigkeit, die sie besonders liebte. Schließlich engagierte sie sich auch als Trainerin für das BT Global Challenge, bei dem 60 Prozent der Crew aus blutigen Anfängern bestehen. Über das Rennen macht sie sich keine Illusionen: „Es ist zweifellos das Härteste, was ich je getan habe. Aber irgendwie war es unterbewusst immer mein Wunsch, daran teilzunehmen. Meine gesamte Laufbahn führte mich zielgenau auf diesen Weg. Mein großer Vorteil ist es, dass ich schon mit Segelanfängern gearbeitet habe. Es ist einfach großartig, wenn man in der Lage ist, diesen Leuten dabei zu helfen, wie sie ihre Ziele erreichen.

Grand Prix Rennen:
Die Spitze des weltweiten Wettfahrt-Zirkus

Mit den 90er Jahren kam der Durchbruch der Grand Prix Rennmaschinen, die an Weltklasse-Veranstaltungen mit Open-60-Yachten oder rekordverdächtigen Multihulls teilnahmen. Vorreiter für diese neuen Rennen waren die Franzosen mit Veranstaltungen wie der Route du Rhum (Einhand von St. Malo nach Guadeloupe), der Vendée Globe, einem alle vier Jahre stattfindenden Nonstop-Einhand-Rennen um die Welt, sowie der Jules Verne-Trophy. Letztere Wettfahrt ist ebenfalls ein Rennen rund um die Welt, allerdings mit vollständiger Crew und dem Anspruch, dieses in weniger als 80 Tagen zu schaffen, was mit Multihulls auch schon gelang. Der französische Beitrag beschränkte sich nicht nur auf die Rennen, sondern ergänzte sich mit einer ganzen Reihe von erstklassigen Seglern und Seglerinnen. Bei den Frauen gehören die Namen Arthaud, Autissier und Chabaud zur ersten Garde.

Zusammen mit anderen Spitzenseglern entwickelte Florence Arthaud 1984 die Idee von der Jules Verne Trophy, bei der es galt, den Globus in weniger als 80 Tagen zu umrunden. Florence Arthaud war auch die erste Präsidentin der Vereinigung, die sich um die Ausrichtung der Challenge kümmerte. Im Jahr 1990 gewann sie die Route du Rhum, wurde Zweite bei der Transat 1996, war im Team der siegreichen Explorer beim Transpacific Yacht Race und behauptet auch heute noch: „Ich kann es nicht ertragen, nicht zu segeln."

Die Möglichkeit, ihren „Charakter zu formen", wollte sich Isabelle Autissier nicht entgehen lassen und begann mit dem Segeln. Und sie tat es allein, weil sie einfach keine Erfahrung im Segeln mit Männern hatte. Ihre seglerischen Meriten lassen sich indes kaum aufzählen, so unter anderem der Sieg bei einer Vendée Globe, beim BOC Challenge der Jahre 1990/1991 sowie 1994/1995 und der Around Alone in den Jahren 1998/1999. Als Taktikerin der EF Education fungierte sie auf den letzten beiden Etappen des Whitbread Race 1997/1998. Beim BOC Challenge 1994/1995 allerdings verlor sie im Südmeer den Mast. Später sagte sie: „Ich hatte das Gefühl, als ob ich einen Schlag in den Magen bekommen hätte. Ich dachte ‚Nein. Nicht das. Und nicht hier.' Doch was bedeutete dieses Schreien und Kreischen inmitten des dunstigen Südmeeres nach einem Sieg, der aussichtslos war? Schreien nach den verlorenen Hoffnungen. Aber so sind sie nun mal – diese Rennen." Als sie später von der australischen Marine gerettet wurde, rollte ihre Yacht und war zum Spielball der Wellen geworden.

Im Jahr 1998 – noch vor der Around Alone – bemerkte Isabelle Autissier: „Die Vorbereitungen für ein derartiges Rennen sind mentaler Natur... Es ist wirklich

Ellen MacArthur – eine Einhandseglerin von Weltklasse mit nicht einmal 23 Jahren. Foto: Thierry Martinez

Unten: Ellen MacArthur an Bord ihrer Open-60-Yacht King-fisher, die in Neuseeland für die Vendée Globe kontruiert wurde. Foto: Thierry Martinez

eine seelische Belastung, weniger eine physische...Ständig kommt es darauf an, dass deine Berechnungen richtig sind, dass du dein Boot auf den richtigen Kurs bringst und dass du vor allem bei deinen Entscheidungen bleibst." (17) Mit dem Around Alone von 1998 umsegelte sie Kap Horn zum nunmehr fünften Mal und wäre westlich des Felsens nach einer kompletten Kenterung ihrer Yacht PRB fast ums Leben gekommen. Gerettet wurde sie von Giovanni Soldini, der ebenfalls teilnahm. Schon zuvor hatte sie nach zehn Jahren Solosegeln für sich entschieden, bei keiner Einhandregatta mehr an den Start zu gehen. Sie hatte einfach genug.

Catherine Chabaud machte sich als erste Frau einen Namen, die die Vendée

Globe beendete und die 1999 den Fastnet Challenge Cup mit ihrer Whirlpool Europe 2 gewann.

Auch wenn England sich sehr lange Zeit genommen hat, eine Weltklasse-Einhandseglerin zu produzieren, das Warten auf Ellen MacArthur hat sich gelohnt. Mit nicht einmal Mitte 20 werden ihre Lebensgeschichte und ihre Leistungen für Generationen von Nachwuchsseglern ein Vorbild sein. Ihre geradlinige Art, ihr Antrieb und auch ihr leiser Enthusiasmus für den Sport sorgen dafür, dass ihr in der Welt des Segelns eine Hauptrolle zukommt. Dies alles verdankt sie auch einer gleichermaßen soliden wie fundierten Segelausbildung und Erfahrung sowie einem Management-Team, das sich darauf konzentriert, für sie eine lukrative Karriere zu planen.

Ellen MacArthur war gerade mal vier Jahre alt, als sie erstmals an Bord eines Bootes ging. Sie soll schon damals die Freude und das Gefühl für Abenteuer empfunden haben. Als Kind verschlang sie sämtliche klassische Segelliteratur. Und bereits als Teenager besaß sie eine 27-Fuß-Yacht, die sie restaurierte und auf der sie lernte, den nötigen Biss zu entwickeln.

Als sie wegen eines Drüsenfiebers das Bett hüten musste und für den Schulabschluss büffelte, sah sie im Fernsehen Bilder vom Whitbread-Rennen: „Ich wusste, ich würde nicht studieren. Und so war es – ich ging segeln. Und ich blickte niemals mehr zurück." Sie renovierte ein 21-Fuß-Wrack, arbeitete an ihrer Trainerlizenz und für eine Segelschule in Hull. Nachdem sie 1994 auch noch die Auszeichnung „Nachwuchsseglerin des Jahres" erhalten hatte, sagte sie: „Jetzt segle ich rund um England. Das ist so, als ob ich nie etwas anderes wollte." Mit nicht einmal 18 Jahren beendete sie ihren ersten längeren Einhand-Törn von fünfeinhalb Monaten: „Ich lernte, was es heißt, allein zu sein und wer ich überhaupt bin. Ich lernte, wie man effektiv arbeitet – das war ein richtiger Entwicklungsprozess, weil ich wirklich angetrieben wurde. Es war hart, weil es ein kleines Boot war und ich zum Ende kommen wollte."

Konsequent verfolgte sie ihre Karriere als Profiseglerin. Dazu gehörte, dass Ellen MacArthur an der Mini Transat teilnahm. Ein Rennen, das in kleinen, radikalen Booten ausgetragen wird: „Es gibt nicht viele Menschen, die wissen, was Einhandsegeln bedeutet und wie man sich dabei fühlen kann. Und wenn Sie doch jemanden kennen, der es schon mal erlebt hat, der versteht dann auch, wenn man sagt ‚es war ziemlich übel da draußen'. Man braucht nichts weiter dazu zu sagen...Man weiß, dass man unter solchen Umständen alles für den anderen tun würde und das man erwartet, dass dieser auch alles für einen einsetzt. Man muss die Person nicht einmal kennen." Wie es mit der Motivation ist, wenn der Wind ausbleibt, kommentierte Ellen so: „Du befindest dich in einem Rennen, und es gibt eine Ziellinie, die man überqueren muss. Man weiß, dass die anderen Teilnehmer möglicherweise mehr Wind haben als du selbst. Und das bedeutet, dass man noch härter arbeiten muss, um mitzuhalten. Man gibt einfach nicht auf. Du bist frustriert und du möchtest schreien, aber aufgeben – dieses Wort gibt es nicht. Was würde man auch tun, wenn man aufgäbe?"

Die Round Britain and Ireland-Regatta war die eine, der Klassensieg bei der

Route du Rhum die andere Etappe. Ihr Weg zur Vendée Globe Teilnahme war von einem dichten Regattakalender begleitet. Und ganz nebenbei testete sie auch noch ihre Open-60-Yacht Kingfisher, die in Neuseeland gebaut wurde: „Ich denke, wenn man nach einem Transatlantik-Rennen Zeit für sich benötigt, dann weiß man das. Ich weiß, dass die Vendée Globe wahnsinnig hart und vor allem einsamer als alle anderen Rennen sein wird, die ich je mitgemacht habe. Doch das hält mich nicht davon ab, es zu wollen – ich möchte einfach, dass es passiert."

Alles ist möglich

Der Segelsport entwickelte sich nach und nach im frühen 20. Jahrhundert. Doch erst Mitte der 70er Jahre übernahmen Frauen ihren Platz am Ruder. Frauen, die mit einem Sinn für Abenteuer ausgestattet und die bereit waren, über die Grenzen zu gehen, die man bereits erreicht hatte.

In einer Zeitspanne von kaum 25 Jahren führen weibliche Skipper Teams bei internationalen Regatten und zu weit entfernten Zielen. Sie haben es geschafft, ihren Platz bei den sportlichen Herausforderungen und den Regatten von Morgen zu sichern. Glänzende Aussichten für segelnde Amateure und Profis des 21. Jahrhunderts. Alles ist möglich. Der Kampf mit Wind und Wellen ist für Männer und Frauen gleich. Die Chancen bieten sich jenen, die bereit sind, nach ihnen zu greifen. So wie Ellen MacArthur es sagte: „Ich möchte einfach, dass es passiert."

Die Bligh Meutereien

Peter Noble

W ir haben versucht, herauszuarbeiten, was einen guten Skipper ausmacht. Umso interessanter ist es in diesem Zusammenhang, den Blick auf die Karriere eines der berüchtigsten Kapitäne der britischen Marine zu richten – auf William Bligh. Die Geschichte der Meuterei auf der Bounty hat sich so in die Historie eingebrannt, dass der Name Bligh auch ein Synonym für Tyrannei ist. Obwohl Blighs Werdegang sehr extrem ist, kann man von ihm doch einiges lernen.

William Bligh war ein fähiger und mittelmäßig erfolgreicher Offizier, der im Jahr 1813 im Rang eines Vize-Admirals in Pension ging. Die meisten von uns kennen ihn nur wegen der Ereignisse einer einzigen Nacht, der Meuterei auf der Bounty, am Dienstag, den 28. April 1789.

Nicht vergessen sollte man indes, dass die Ereignisse auf der Bounty, die Blighs Ruf begründeten, sich wie ein roter Faden mit ähnlichen Vorfällen durch seine ganze Karriere zieht. Die Liste der Schiffe, auf denen es zu Streit, zu Meutereien oder Beinah-Meutereien kam, ist lang: Die Bounty, die Resource, die Director und die Warrior. Sogar 1808 als Gouverneur von New South Wales hatte er Probleme.

William Blighs Hintergrund

William Bligh wurde am 9. September 1754 als Sohn eines Zollbeamten in Plymouth geboren. Williams Mutter starb, als er 14 Jahre alt war. Bereits mit 15 Jahren stellte er sich als fähiger Mittschiffsmann heraus, seine Karriere als potentieller Offizier war vorgezeichnet. Zwischen 1776 und 1780 diente er als Matrose auf der Resolution bei der letzten Reise des Forschers und Seemanns James Cook. Offizielle Aufzeichnungen über das Verhalten Blighs gibt es nicht. Mit ein wenig Glück gibt es aber ein Zeugnis seines kritischen Verhaltens, da ein Offizier ein Buch über diese Reise schrieb. Eine Kopie dieses Buchs liegt im National Maritime Museum in Greenwich und ist voll von verächtlichen Bemerkungen – und das in Blighs eigener Handschrift.

Im Februar 1781 heiratete William Bligh Elizabeth Betham, eine intelligente Frau aus einflussreicher Familie, die ihm bei seiner Karriere behilflich sein konnte. Detaillierte Informationen über Blighs Leben außerhalb der Marine gibt es nur spärlich. Die wenigen bekannten Fakten entstammen privaten Briefen, die von einem intakten Familienleben und einer liebevollen Beziehung zwischen Bligh und seiner Frau sowie den sechs Töchtern sprechen. Wenn er ein Haus-Tyrann gewesen sein sollte, dann war darüber nichts nach außen gedrungen. Seine Karriere bei der Marine verlief konträr zu seinem bürgerlichen familiären Hintergrund. Ein Schlüssel für die Turbulenzen in Blighs Karriere ergibt sich daraus nicht.

Dafür ist Blighs Verhalten bzw. Fehlverhalten als Marine-Offizier nach der Bounty in allen Details aus erster Hand und sogar durch Augenzeugenberichte bekannt. Bligh selbst veröffentlichte einen eigenen Bericht über die Meuterei sowie die anschließende Reise im Langboot. Es gibt Aufzeichnungen des Kriegsgerichts, bei dem es um den Verlust der Bounty sowie um zehn der Meuterer geht. Die Protokolle der Verhandlung im Kriegsgericht, die Bligh betreffen – sei es direkt oder indirekt – sind alle nachzulesen. Edward Christian, Bruder des Meuterers Fletcher

Kapitän Bligh. Das kleine Segelboot im Hintergrund ist das Boot, mit dem er eine 3500-Seemeilen-Reise unternommen hatte. Exponat des Nationalen Seefahrtmuseums, Greenwich.

Christian, veröffentlichte ebenfalls die Zusammenfassung der Ereignisse aus der Sicht von Männern, die mit Bligh gesegelt waren. All dies lässt uns Kapitän Bligh besser kennenlernen als die meisten seiner Zeitgenossen. Und möglicherweise auch besser als jene Crews und Skipper, mit denen wir so segeln.

Fletcher Christians Hintergrund

Fletcher Christian war 24 Jahre alt, als er auf der Bounty segelte. Er genoss eine gute Erziehung und sein familiärer Hintergrund war – wie übrigens der von Bligh auch – von niederem Adel. Allerdings musste Christian etliche Schicksalsschläge hinnehmen. So als sein Vater starb, als er vier war und als seine Mutter mit dem väterlichen Unternehmen pleite ging. Bevor er auf der Bounty anheuerte, war Christian bereits auf einem früheren Trip mit Bligh gesegelt und hatte sich mit ihm angefreundet. Einige Autoren mutmaßten gar eine homosexuelle Beziehung zwischen den beiden Männern und versuchten, die späteren Antipathien mit verschmähter Liebe zu erklären. Allerdings lebten sowohl Bligh als auch Christian in heterosexuellen Beziehungen, und es gibt keinen Beweis für eine heimliche Affäre zwischen ihnen.

Briefe und Aufzeichnungen von Fletcher Christian existieren nicht. Was wir über dessen Persönlichkeit und Gefühle wissen, stammt aus Berichten von Mitseglern bzw. aus den Aufzeichnungen seines Bruders Edward. Noch während der Meuterei soll Christian Kapitän Bligh angeschrien haben: „Sir, Ihre Misshandlungen sind derartig abgründig, dass ich meine Pflicht mit keinerlei Vergnügen verrichten kann. Mit Ihnen ging ich seit Wochen durch die Hölle." Christian war offensichtlich ins permanente Kreuzfeuer der Kritik Blighs geraten und ihre frühere Freundschaft machte es scheinbar schwerer, diese Kritik zu ertragen.

Die Reise der Bounty

Die Bounty war ein kleines, umgebautes Handelsschiff von lediglich 87 Fuß Länge. Der Grund ihrer Reise war der Transport von Brotfruchtpflanzen aus Tahiti, die zu den West-Indies gebracht und dort angebaut werden sollten. Um dies überhaupt zu ermöglichen, musste das Schiff quasi in einen schwimmenden Gemüsegarten umgebaut werden, um die Pflanzen transportieren zu können, was die Enge an Bord zusätzlich verschärfte. Es kann gar nicht oft genug betont werden, dass Überbevölkerung ein schwerwiegender Konfliktherd in menschlichen und tierischen Gesellschaften werden kann. Die Bounty war einfach zu klein, um auch noch die übliche Marineabordnung mitnehmen zu können, die letztlich auch für Disziplin hätte sorgen können. Da Bligh auf keinerlei militärische Unterstützung zurückgreifen konnte, wurde aber seine Autorität in Zweifel gezogen. Hätten sich Soldaten an Bord befunden, wäre es sehr unwahrscheinlich gewesen, dass Fletcher Christian seine Meuterei hätte anzetteln können.

Die Bounty verließ Spithead zwei Tage vor Weihnachten 1787 und verschwand sehr schnell im Dunst und Regen eines Südwest-Tiefs. Bligh war schlecht gelaunt, beschimpfte die Mannschaft und beschwerte sich über die Inkompetenz der Admiralität, die die Abreise bis zu diesem unwirtlichen Monat verzögert hatte. Er gab den Befehl, alles aus dem Schiff herauszuholen, damit sie Kap Horn westlich gegen die vorherrschenden Winde umrunden konnten. Er war sich über die Gefahren am Kap sehr wohl bewusst, behielt diese Befürchtungen jedoch für sich. Viele Wochen lang litt die Bounty unter schweren Bedingungen und wurde auch mehrfach beschädigt, als Bligh wie besessen versuchte, trotz widriger Umstände Anordnungen zu befolgen.

Zu diesem Zeitpunkt gab es mit der Mannschaft keine Probleme – Gefahr alleine führt eben nicht zwingend zu Unzufriedenheit. Tatsächlich sorgt Härte viel mehr dafür, sich aufs gemeinsame Ziel einzuschwören und sie unterstützt die Moral. Erst im April gab Bligh schließlich den Versuch auf, Kap Horn zu umrunden und nahm östlichen Kurs in Richtung Kapstadt und der längeren und einfacheren Route in den Pazifik.

Bligh war längst nicht der brutale und sadistische Prügler, wie er in Hollywood-Streifen dargestellt wurde. Große Sorgfalt wendete er dafür auf, dass die Mannschaft gesund blieb, sich genügend ausruhte, trockene Kleidung trug und sich so ernährte, das sie keinen Skorbut bekam. Nach modernen Gesichtspunkten konnte man sagen, dass er darauf achtete, dass seine Untergebenen korrekt behandelt wurden. In Kapstadt zum Beispiel kritisierte er die Besitzer von Sklaven, die seiner Meinung nach „ein Mindestmaß an Anstand verdienten und man sie von den Gemeinheiten erlösen müsse, die sie zu ertragen haben".

Im Oktober 1788 ging die Bounty in der Matavi Bay auf Tahiti vor Anker. Die Anweisungen, die Bligh seiner Crew gab, ließen eine gewisse Achtung gegenüber den Tahitianern erkennen: „Jeder sollte versuchen, den guten Willen und Wert der Eingeborenen zu erkennen; sie sind mit der erforderlichen Freundlichkeit zu behandeln; es ist zu vermeiden, ihnen Dinge wegzunehmen, die sie angeblich gestohlen haben; niemand darf eine Feuerwaffe außer zur Verteidigung seines Lebens verwenden."

Als es zur Verproviantierung für die Weiterreise ging, war Fletcher Christians Unerfahrenheit dafür verantwortlich, dass Teile der Ausrüstung verloren ging. Wie üblich mündete dies in einem von Blighs berüchtigten Ausbrüchen, in dem er Christian der Inkompetenz und der Feigheit bezichtigte. Wenig später verdächtigte Bligh Christian und einige andere Crewmitglieder, ihm einige Kokosnüsse entwendet zu haben. Öffentlich stellte er Christian bloß, in dem er ihn als Dieb bezeichnete, und kürzte zur Strafe die Essensration der Mannschaft. Eine Maßnahme, die nicht sehr vorausschauend war, wenn man bedenkt, dass eine hungrige Crew noch leichter zu reizen und zu verärgern ist.

Am Tag nach dem Vorfall mit der Kokosnuss redete Christian in Tränen aufgelöst: „Er (Bligh) will mir das Rückgrat brechen. Vielleicht möchte er mich auch ausprügeln lassen, doch wenn er es tut, wäre dies unser beider Tod. Ich würde ihn fest umklammern und mit ihm über Bord springen." Christian, der in höchstem Maße angespannt war, dachte sogar an Selbstmord oder ans Desertieren: „Ich möchte lieber zehntausend Tode sterben als so behandelt zu werden... Fleisch und Blut können dies nicht ertragen." Zweifellos hatte Blighs Tyrannei Fletcher Christian bis zum Siedepunkt gereizt. Wenig erstaunlich ist es daher, dass später Edward Christian – Fletchers Bruder – Bligh für diesen geistigen Zustand verantwortlich machte: „Wie unflätig und welch provokante Beleidigungen...was für ein niederes, kleingeistiges Wesen."

Die Meuterei

Im April 1789 segelte die Bounty, voll beladen mit Brotfrüchten, in Richtung der West-Indies. Bligh selbst berichtet von der Meuterei in seinem Logbuch: „Kurz vor Sonnenaufgang – ich schlief noch fast – kamen Mr. Christian, der Waffenmeister und Thomas Birkett, ein Seemann, in meine Kabine und ergriffen mich, fesselten meine Hände mit einem Seil auf dem Rücken und bedrohten mich mit sofortigem Tod, wenn ich auch nur das geringste Geräusch machte."

Die Meuterer, angeführt von Fletcher Christian, übernahmen die Kontrolle des Schiffes. Kapitän Bligh wurde zusammen mit 18 Mannschaftsmitgliedern, die sich der Meuterei nicht anschließen wollten, in einem sogenannten Langboot ausgesetzt. Dieses offene Boot war nur 23 Fuß lang und sechs Fuß breit. Angetrieben wurde es durch zwei kleine Segel oder auch durch Ruder. Das Boot war vollkommen überladen und nahm Wasser über. Nur durch dauerndes Schöpfen konnte es über Wasser gehalten werden. Kapitän Bligh erhielt zwar einen Sextanten und Navigationstabellen, aber keinen Chronometer. So war er wenigstens in der Lage, den Breitengrad, also seine Nord-Süd-Position, zu bestimmen, nicht aber den Längengrad, die Ost-West-Position. Blighs Gruppe verfügte über keinerlei Waffen, so dass sie feindlichen Inselbewohnern nichts entgegenzusetzen hatten.

Vor dem Aussetzen kam es zur Konfrontation zwischen Bligh und Christian, bei der es zu folgendem Wortwechsel gekommen sein soll: „Diese Behandlung ist also die angemessene Entschädigung für all die Momente, in denen du meine Freundschaft erfahren hast." Worauf Christian in höchster Erregung antwortete: „Ich befinde mich in der Hölle, ich befinde mich in der Hölle."

Bligh schaffte es, auf der nahegelegenen Insel Tofoa frisches Wasser und Lebensmittel an Bord zu nehmen, doch die Eingeborenen attackierten die Gruppe, wobei ein Seemann ums Leben kam. Danach setzten sie Segel und nahmen Kurs auf Timor, der nächsten europäischen Siedlung, die sich in holländischen Händen befand. Es war eine Odyssee von 3500 Seemeilen in einem kleinen, offenen Boot. Mehrfach wurden sie auf ihrer Reise von Eingeborenen angegriffen, als sie an bewohnten pazifischen Inseln vorbei kamen.

Das Schicksal der Meuterer

Die Aussichten der 23 Meuterer waren nicht weniger gefährlich. Zunächst kehrten sie ins tropische Paradies Tahiti zurück, wo sie üppige Verpflegung, freundliche Insulaner und willige Frauen erwarteten. Allerdings riskierten sie mit einem Verbleib, dass sie durch die Besatzung eines Schiffes gefangen genommen und vor ein Kriegsgericht gebracht werden konnten.

Die Loyalität der Meuterer zersetzte sich. Manche, auch Fletcher Christian, waren sich bewusst, dass Gefangennahme und Rückkehr nach England den sicheren Tod bedeuten würden. Andere wiederum waren nur Mitläufer der Meuterei und hofften auf Milde. So war es kaum verwunderlich, dass die Meuterer sich in zwei Gruppen aufteilten, wobei 14 es vorzogen, auf Tahiti zu bleiben. Schon zwei Jahre später wurden diese von der Crew der HMS Pandora festgenommen, die die Admiralität in den Pazifik zur Verfolgung der Meuterer losgeschickt hatte. Auf der Rückreise ging die Pandora verloren, wobei vier der Meuterer ertranken. Die zehn Überlebenden wurden angeklagt wegen „Meuterei des bezeichneten Schiffes Bounty und wegen Desertierens aus den Diensten seiner Majestät." Sechs Meuterer wurden schuldig gesprochen; drei von ihnen wurden begnadigt und die anderen drei öffentlich gehenkt.

Fletcher Christian wusste, dass eine Gefangennahme in der Region um Tahiti unausweichlich war. Schon deshalb entschied er sich, zu den Pitcairn Inseln zu se-

Bligh wird aus der Bounty ausgesetzt. Ein zeitgenössischer Stich von R.Dodd. Mit Genehmigung des National Maritime Museum in Greenwich.

geln, einer 2000 Seemeilen entfernten, unbewohnten Insel. Am 15. Januar 1790 ging die Bounty vor Pitcairn vor Anker. An Bord befanden sich acht Meuterer, sechs Tahitianer, zwölf Frauen und ein Baby. Pitcairn war abgelegen und schwierig zu erreichen. Die Bounty, die unmöglich versteckt werden konnte, wurde vor Pitcairn versenkt. Ihre Überreste wurden übrigens erst vor kurzem entdeckt. 18 Jahre lang gab es keinerlei Kontakte zur Außenwelt – bis ein amerikanischer Walfänger in Pitcairn landete. Der einzige Meuterer, der zu diesem Zeitpunkt noch lebte, hieß John Adams. Die anderen Meuterer und auch die tahitianischen Männer waren tot, die meisten von ihnen ermordet. Die 35 Einwohner setzten sich aus tahitianischen Frauen und deren Kindern zusammen. Einer von ihnen hieß Thursday October Christian, der 18jährige Sohn von Fletcher Christian.

Das Verhalten von Fletcher Christian und der anderen Meuterer muss brutal gewesen sein. Auf Tahiti hatten sie Eingeborene in Kämpfen getötet, ihre Frauen vergewaltigt und verschleppt. Auf Pitcairn kulminierten Eifersüchteleien, sexuelle und rassistische Spannungen in einer ganzen Mordserie. Etwa im September 1793 töteten die tahitianischen Männer, die von den Meuterern gehalten wurden wie Sklaven, Fletcher Christian und seine Gefolgsleute. Infolge dessen wurden auch die Tahitianer getötet, vermutlich von den Frauen. John Adams musste niemals nach England zurück, um sich einem Gerichtsverfahren zu stellen. Ihm wurde gestattet, auf Pitcairn zu bleiben, wo die Nachfahren der Meuterer auch heute noch leben. John Adams hinterließ mehrere Beschreibungen darüber, wie Fletcher Christian sich aufführte: „Er war immer muffig und unzufrieden und zeigte, wie sehr er seine Mitbewohner hier hasste und verachtete." Gut möglich ist auch, dass Adams Fletcher Christian nur deshalb verurteilte, um seine eigenen Handlungen zu entschuldigen. In seinen späteren Jahren schilderte er ihn nämlich weitaus positiver.

Beinah-Meuterei auf der Resource

Blighs Karriere nach der Meuterei liest sich wie ein Katalog von Konflikten und Auseinandersetzungen zwischen ihm und seinen Offizieren. Schon während der Reise mit dem Langboot nach Timor kam er mit Fryer, seinem zweiten Offizier, nicht aus. Er zeigte sich kleinlich und überkritisch, was wiederum wachsende Gehorsamsverweigerung hervorrief. Auf Timor erwarb Bligh den kleinen Schoner Ressource, um die Heimreise fortsetzen zu können. Alles eskalierte, als die Ressource die holländische Kolonie Surabaya in Indonesien am 12. September 1790 erreichte. Fryer und die Crew – einige von ihnen waren betrunken – beschuldigten Bligh, sie „verdammt krank" zu behandeln. Es kam zu „Tumulten" und Gewaltandrohungen, die nur durch das Eingreifen der holländischen Autorität im Sinne Blighs gelöst werden konnte. Diese Beinah-Meuterei ist auf Blighs Unvermögen zurückzuführen, mit kleineren Beschwerden angemessen umzugehen. Auf See riskierte Bligh fast ein zweites Mal, abgesetzt zu werden.

Ohne weitere Zwischenfälle segelte Bligh zurück nach England. Dort kam er wegen des Verlustes der Bounty vor ein Kriegsgericht, wurde jedoch freigesprochen – ein formal korrektes Verfahren. Zwar hatte Blighs Führungsstil die Meuterei verursacht, für die kriminellen Handlungen war er nicht verantwortlich.

Mißstimmung auf der Providence

Im Jahr 1791 wurde Bligh das Kommando der Providence übertragen und erneut nach Tahiti geschickt, um von dort Brotfrüchte zu den West-Indies zu transportieren. Bei dieser Gelegenheit nahm er seinen 26jährigen Neffen als ersten Offizier an Bord. Bonds Position war somit die gleiche, die Fletcher Christian drei Jahre zuvor innegehalten hatte. Deshalb ist es auch möglich, Schlüsse aus der Art und Weise zu ziehen, wie Bligh Bond bzw. Christian behandelte. Vor der Reise pflegte Bligh eine freundschaftliche Beziehung zu Bond – ähnlich der, die er früher zu Christian hatte. Wenn Bligh seinem Neffen einen Brief schrieb, dann benutzte er dessen Vornamen Edward. Dieser beschrieb den Führungsstil seines Onkels mit folgenden Worten:

„Kaum, dass die Reise begonnen hatte, sorgte Bligh durch willkürliche Anordnungen und seine beleidigende Sprache dafür, dass die Stimmung seiner Offiziere und besonders seines First Lieutenant, der als Befehlsempfänger besonders nah im Kontakt zu ihm stand, sehr unangenehm wurde. Ungewöhnliche Befehle wurden in einer Art und Weise erteilt, wie sie der Sache gar nicht angemessen waren. Es fehlte jede Form des Gefühls und Respekts, was große Irritationen auslöste. Eine diktatorische Ahndung von Kleinigkeiten, ein ständiges Suchen nach Fehlern, ein Mangel an Höflichkeit sowie strengstes und härtestes Verurteilen kleinster Fehler – all diese Dinge zielten ins Herz seiner Untergebenen und brachten sie in einem Maße gegen ihn auf, dass Bligh selbst überrascht gewesen wäre, hätte er dies gewusst. Anstatt aus seiner Lektion, die er auf der Bounty erteilt bekam, gelernt zu haben, schien er in keiner Weise das Ausmaß an Elend zu realisieren, in das er seine Offiziere stürzte."

Bonds Bericht lässt ziemlich klar erkennen, dass es keinen substanziellen Anlass zur Beschwerde gegen Bligh gab. Es war nicht etwa eine Frage von Brutalität oder seemännischer Inkompetenz: Bonds Feindseligkeit ist lediglich mit Blighs Führungsstil und Persönlichkeit zu erklären – mit andauernder Kritik, mit einem Mangel an Mitgefühl, der Unfähigkeit zu Loben und Aufgaben zu delegieren. Bond lebte im Gegensatz zu Christian nicht in „der Hölle", aber die permanente Kritik hatten Bonds ursprünglich freundschaftliche Einstellung in Hass und Ressentiments verwandelt.

Allerdings war Bond aus härterem Holz geschnitzt als Christian und nie in Gefahr, zusammenzubrechen. So ungewöhnlich es sein mag – Bligh war sich der Feindseligkeit, die er hervorrief, nicht bewusst. Nach der Rückkehr zeigte sich Bligh seinem Neffen genauso freundlich wie vor der Reise und half ihm sogar bei seiner Karriereplanung, indem er für ihn Empfehlungsschreiben verfasste.

Die Reisen der Bounty und der Providence verliefen nahezu identisch; und es gibt eine ganze Reihe von Parallelen im Verhältnis Blighs zu Christian und später zu Bond. Es überrascht nicht, dass die unablässige Kritik an seinen beiden jungen Offizieren letztlich in Hass und Opposition mündeten. Kurz – er hatte nichts aus der Lektion Bounty gelernt. Dies wird besonders deutlich bei der Antwort Blighs auf die Versuche Edward Christians, das Verhalten seines Bruders zu erklären: „Dieser plötzliche und unüberlegte Akt der Verzweiflung und des Wahnsinns...ein junger Mann, verdammt zu unablässiger Ehrlosigkeit, der, wenn er auf einem anderen Schiff seinen Dienst getan hätte, seinem Land nur Ehre gebracht und seinen Freunden nur Freude." Auf solche Beschuldigungen antwortete Bligh, indem er seine Zuneigung und Freundlichkeit gegenüber Christian betonte: „Er nahm stets denselben vertrauensvollen Platz ein – bis zu jenem schrecklichen Moment der Undankbarkeit."

Zusammengefasst muss man über Bligh sagen, dass er durchaus naiv war und über keine emotionale Intelligenz verfügte. Sadistisch veranlagt war er im engeren Sinne nicht, dafür aber war er sich der Spannungen und des Hasses, den er bei seinen Untergebenen auslöste, in keiner Weise bewusst.

Meuterei auf der Director

Im Jahr 1797 befand sich England wieder einmal im Krieg und die Flotte unterhielt eine Seeblockade der kontinentalen Häfen. Dies war eine undankbare Aufgabe, da man langatmige Monate immer auf derselben Position und bei jedem Wetter verbrachte. Disziplin war oberstes Gebot, zumal sich viele Crews aus Verbrechern und Vagabunden zusammensetzten. Die Unzufriedenheit eskalierte so lange, bis es zu Meuterei kam, die sich über 100 Schiffe der Flotte ausbreitete, die sich in The Nore und Spithead aufhielt. Zu diesem Zeitpunkt war Bligh zum Kapitän befördert und kommandierte die mit 64 Kanonen bewaffnete Director. Zum zweiten Mal in seiner Laufbahn musste er die Schmach erleben, von einer meuternden Crew ausgesetzt zu werden. Die Meuterei von The Nore, wie sie genannt wird, war eine große Bedrohung für die britische Seemacht. In diesem Fall breitete sich die Meuterei unter den Crews nach und nach aus, nachdem Verhandlungen und Kompromisse gescheitert waren. Die meisten Meuterer wurden nie belangt, doch 36 der Rädelsführer kamen vor ein Kriegsgericht und wurden wegen Meuterei verurteilt und gehenkt – was den Gepflogenheiten in jener Zeit entsprach.

Die Meuterei auf der von Bligh befehligten Director war allerdings nur ein Teil einer großen Meuterei, die auf Unzufriedenheit auf vielen Schiffen zurückzuführen war. Es war eine Meuterei der Mannschaften. Die Offiziere indes, die üblicherweise am meisten unter Bligh zu leiden hatten, waren diesmal nicht in die Meuterei verwickelt und ausnahmsweise konnte auch nicht sein Führungsstil verantwortlich gemacht werden. Der Meuterei von The Nore und Spithead kommt große historische Bedeutung zu, da die Flotte – und das auch noch in Kriegszeiten – viele Monate lang außer Gefecht gesetzt und damit Englands Verteidigung bedroht war. Trotzdem ist diese Geschichte in der Öffentlichkeit kaum bekannt, da verglichen mit der Bounty der menschliche Aspekt von Konflikten und Tragödie fehlt.

Mißstimmung auf der Warrior und Blighs zweiter Prozess vor dem Kriegsgericht

Nach langen Wirren war die Flotte schließlich wieder einsatzbereit. Bligh setzte seine Marinelaufbahn fort und kämpfte in der Schlacht von Camperdown im Jahr 1797 und in Kopenhagen 1801. Im Jahr 1804 übernahm Bligh das Kommando des 74-Kanonen-Schiffs Warrior. Aber auch hier kam es sehr schnell zur Konfrontation mit einem seiner jüngeren Offiziere, einem Lieutenant Frasier. Bligh, der in seiner üblichen Art Urteile fällte, bezeichnete Frasier als faul und inkompetent. Später vor dem Kriegsgericht bezichtigte er Frasier der „Widerspenstigkeit und des Ungehorsams". Frasier wurde freigesprochen und drehte seinerseits den Spieß um und klagte Bligh des Fehlverhaltens an. Blighs Zeugenaussage vor dem Kriegsgericht wirft ein weiteres Schlaglicht auf dessen Führungsstil. Vor Gericht belastete Frasier Bligh mit den Worten: „Öffentlich beleidigte er mich auf dem Achterdeck und beschimpfte mich als Schuft und Schurken und ballte seine Faust vor meinem Gesicht...Er legte mir gegenüber und den anderen Offizieren eine sehr tyrannische, unterdrückende Art an den Tag, die eines Offiziers nicht würdig ist."

Als Zeugen waren auch andere Offiziere der Warrior geladen. Lieutenant Boyack beschrieb Blighs Verhalten gegenüber seinen Offizieren so: „Blighs Ausdrücke vor versammelter Mannschaft waren für die Offiziere ehrverletzend und außerordentlich erniedrigend." Dass Boyack und viele andere junge Offiziere bereit waren, ihre Karriere zu riskieren, indem sie gegen Bligh – immerhin einem Mann in mächtiger Position – aussagten, zeugt von seiner Unpopularität. Minutenlang wurde man während des Warrior-Kriegsgerichtsprozesses Zeuge einer langen Litanei von Blighs Ausfällen gegenüber seinen Offizieren: „schurkenhaft und böse...schurkenhaft und widerspenstig... unverfroren frech...unsäglich renitent... abgrundtief böse... Vagabund... Dieb... Lügner... Gott verdamme dich... dein Blut sei verdammt...du Stück Haut einer Töle...du dienstunwürdiges Etwas..." Blighs Beschimpfungen nahmen kein Ende. Öffentliche Erniedrigung und Kritik brechen einem Mann mehr als seine Knochen. Sie brechen die Ehre eines Mannes.

Das Gericht sah die Klage „teilweise als erwiesen" an und Bligh wurde dringend geraten, „in Zukunft korrekter mit seiner Sprache umzugehen." Diese Verhandlung ist wichtig, will man sich ein Bild von Blighs Charakter und seinen Führungsqualitäten machen. Seine Beleidigungen hatten vor allem deshalb so schlimme Auswirkungen, weil sie vor versammelter Menge stattfanden und die Opfer zu diesem Zeitpunkt keinerlei Antwortmöglichkeiten hatten. Es waren jene Erniedrigungen, die Fletcher Christian in „die Hölle" brachten.

Die Ausdrucksformen als solche waren in der Seefahrt des 18. Jahrhunderts ohnehin rauh. Die meisten Opfer derartiger Erniedrigungen ertrugen sie in Demut und erfüllten weiterhin ihren Dienst. Bond entkam diesem Dilemma dadurch, dass er ein Tagebuch schrieb. Frasier wartete auf seine Rückkehr nach England, um seinen Peiniger vor dem Kriegsgericht zu schlagen. Nur den verletzlichen Fletcher Christian drängte es an einen Nervenzusammenbruch und schließlich in die Katastrophe.

Eine weitere unerfreuliche Reise

Trotz der „Abmahnung" vor Gericht wirkte sich dies sich nicht im Geringsten auf den Führungsstil Blighs aus. Er wurde zum Gouverneur von New South Wales ernannt und segelte im Februar 1806 mit einer kleinen Flotte nach Australien, wobei er sich das Kommando mit einem gewissen Captain Short teilte. Ein gleichberechtigtes Kommando ist der klassische Nährboden für Streitigkeiten, und die beiden Kapitäne lagen sich alsbald in den Haaren. Bei einem Vorfall soll der erregte Kapitän Short sogar einige Schüsse über den Bug von Blighs Schiff abgefeuert haben. In Kapstadt angekommen, beschwerten sie sich bei Francis Beaufort (übrigens der Erfinder der Beaufort-Skala, die auch heute noch verwendet wird). In seinem Bericht über das Treffen kritisierte er beide Kapitäne: „Beide Männer hatten Unrecht, beide haben sich ungebührlich verhalten und beide geben Anlass zu Kritik... Beide sind gleichermaßen für das verantwortlich, was passierte. Es muss nichts zurückgenommen werden." Und schließlich fügte er noch hinzu: „Der eine (Bligh) ist ein talentierter Mann, der andere ein Dummkopf."

Blighs letzte Meuterei: In seiner Zeit als Gouverneur von New South Wales wurde Bligh unter seinem Bett hervorgezogen und von seinen eigenen Wachen verhaftet. Mit freundlicher Genehmigung der State Library, New South Wales.

Meuterei in New South Wales

Um das Jahr 1806 bestand New South Wales aus einer landwirtschaftlichen Siedlung sowie einer Strafkolonie rund um den Hafen von Sydney. Dort angekommen, wurde Bligh zum Gouverneur und die Macht lag in seinen Händen. Kraft seines Amtes schleppte er Kapitän Short vor Gericht und zwang ihn schließlich, zusammen mit seiner schwangeren Frau nach England zurückzukehren. Shorts Frau starb auf der Reise. Nach seiner Ankunft in England musste sich auch Short vor dem Kriegsgericht verantworten, wurde aber freigesprochen und entschädigt.

Blighs Amtszeit als Gouverneur war von Anfang an von Streitigkeiten und Konflikten geprägt. Die Kolonie war in einem schlechten Zustand. Siedler, ehemalige Sträflinge und Zwangsarbeiter versuchten sich auf dem gerade urbar gemachten Land bei Sydney in der Landwirtschaft. Recht und Ordnung lag in der Verantwortung des 400 Mann starken New South Wales Corps. Doch die Militärs waren korrupt, und die Offiziere bereicherten sich an den Landerträgen und der Rum-Produktion. Jeder Versuch eines Gouverneurs, diese lukrativen Privilegien und Machenschaften zu unterbinden, musste im Widerstand enden.

Blighs selbst schwächte seine Position, indem er für eine Gefälligkeit von seinem Vorgänger ein Stück Land erhielt. Schnell überwarf er sich mit den mächtigen Siedlern und Militärs, von denen er abhängig war, um seine Autorität zu sichern. Sein Führungsstil als Gouverneur unterschied sich nicht von dem als Kapitän. Er war arrogant und anmaßend in Momenten, die Takt und Gerechtigkeit erfordert hätten.

Nach zwei Jahren wachsender Unzufriedenheit, spitzten sich die Dinge zu und Bligh sah sich mit seiner nunmehr letzten Meuterei konfrontiert. Uniformierte Militärs drangen in das Government House ein, um Bligh abzusetzen und unter Hausarrest zu stellen. Gerüchten zufolge soll Bligh versucht haben, sich unter seinem eigenen Bett zu verstecken, so dass er von seinen Wachen hervorgezogen werden musste. Dieser Version widersprach Bligh. Ein Jahr lang stand er unter Hausarrest, bis er einverstanden war, an Bord der HMS Purpoise zu gehen, die sich in der Region aufgehalten hatte, die sich jedoch in den Konflikt nicht einmischte. Kaum an Bord der Purpoise, nutzte Bligh seinen militärischen Rang, um das Kommando zu übernehmen. Fast ein Jahr lang pendelte die Purpoise zwischen Sydney und Tasmanien und einmal mehr machte Bligh das Leben seiner Offiziere unerträglich. Alle Beteiligten schickten erklärende Briefe nach London, doch die Post nahm im Zeitalter der Segelschifffahrt eben ihre Zeit, so dass es bis zum Mai 1809 dauerte, ehe Bligh von Lachlen Macquarie in seinem Posten abgelöst wurde.

Die Meuterer von New South Wales jedenfalls erwartete ein besseres Schicksal als ihre Vorgänger auf der Bounty. Nur Major George Johnston wurde wegen Meuterei angeklagt. Er wurde verurteilt und von seinem Posten entbunden, sonst aber nicht weiter bestraft. Die Regierung war fest davon überzeugt, dass der Vorfall sich wegen schlechten Managements und Provokationen ereignet hatte. Zu diesem Zeitpunkt kehrte Bligh nach England zurück, wo ihn die Admiralität zwar beförderte, ihm aber kein Kommando mehr übertrug.

Bligh starb 1817 in London und wurde in Lambeth bestattet. Auf seinem Grabstein findet sich eine Chronik seiner Erfolge, nicht erwähnt sind die Ereignisse auf der Bounty und die Tatsache, dass er das Amt des Gouverneurs von New South Wales innehielt.

Blighs Führungsqualitäten

Ernstzunehmende Kritik über Blighs fachliche Fähigkeiten gibt es nicht. Er war intelligent, ein ausgezeichneter Seemann und ein fähiger Kapitän. Auch gibt es keinerlei Hinweise auf physische Gewalt. Ein sadistischer Peiniger war er nicht – im Gegenteil, legte er doch größten Wert auf die Sicherheit und das Wohlergehen seiner Crew. Seine Haltung gegenüber eingeborener Bevölkerung war vorbildlich und fast modern. Er verfügte über eine immense Erfahrung als Navigator und in der Kriegsführung. Seine Entschlusskraft und seine Zähigkeit waren unumstritten. Trotz dieser grundsätzlich positiven Eigenschaften, steht sein Name für Missbrauch und Gewalt.

Problematisch bei Blighs Führungsstil waren seine Äußerungen und die Art und Weise, wie er sie sagte. Seine Offiziere unterlagen auch bei Kleinigkeiten ständiger Kritik, die sich in Form von taktlosen öffentlichen Beschimpfungen äußerten. Er traute seinen Untergebenen nicht, hatte Schwierigkeiten, Aufgaben zu delegieren und mischte sich ununterbrochen ein. Nur in seltenen Fällen lobte oder trieb er jemanden an. Psychologen bezeichnen diesen uneffektiven Führungsstil als „Negativismus". Bligh selbst war sich über die Wirkung seines Verhaltens nicht bewusst. Ihm mangelte es sozusagen an „emotionaler Intelligenz", was sich in fehlender Sensibilität für die Gefühle und Erwartungen anderer äußerte. Von der Meuterei auf der Bounty war er völlig überrascht und konnte sich nicht vorstellen, dass seine Kritik Fletcher Christian zur Verzweiflung gebracht hatte.

Bligh legte darüberhinaus eine unglaubliche Unfähigkeit an den Tag, irgend etwa aus Fehlern zu lernen. Auf der Providence war er sich partout keines Fehlers und den Folgen bewusst, die sie bei seinem Neffen Edward Bond auslösten. Bligh war streng und besessen, was für einen Seemann vielleicht gute Eigenschaften sind, die aber einen Menschen in Führungsposition, der auch einmal delegieren muss, eher behindern. Freiräume für menschliche Schwächen gibt es nicht. Bligh vertraute niemandem und gab auch nichts ab. Über die Kompetenz seiner Offiziere schrieb er: „In meinen Offizieren habe ich keine Hilfe. Ich kann mich nicht einmal in den wenigen Augenblicken sicher fühlen, in denen ich ihnen alles anvertraue." Sowohl bei seinen Tugenden als auch bei seinen Fehlern war Bligh stets konsequent: Sein Führungsstil als Gouverneur von New South Wales ist von denselben Fehlern geprägt wie damals auf der Bounty zu Beginn seiner Laufbahn.

Kapitän Blighs Handlungsweisen enthalten so ziemlich alle Fehler, die in modernen psychologischen und militärischen Studien auf schlechten Führungsstil hinweisen und die zu schlechter Moral bei den Untergebenen führt. Die Episode „Kapitän Bligh" ist zwar historisch, aber dennoch auch auf die heutigen Skipper zu übertragen, die allzu dominant, überkritisch und unflätig sind. Blighs Defizite wurden durch gleichwertige Talente ausgeglichen, und bei den Recherchen zu diesem Kapitel hatte ich das Gefühl, diesen Mann durch die zahlreichen Berichte aus erster Hand kennengelernt zu haben. Meine eigene Meinung über ihn findet sich in dem Kommentar von George Tobin, der selbst unter Bligh gedient hatte, als er von dessen Tod erfuhr: „Armer Bligh – trotz all seiner Unzulänglichkeiten, ich kann nur gut über ihn denken." Ich selbst habe viele moderne „Kapitän Blighs" getroffen, doch keinen mit solch einem Mut, solchen Kenntnissen in Seemannschaft und Navigation und solch einer Entschlusskraft wie das Original.

LITERATURHINWEISE

Allen, Kenneth S, *That Bounty Bastard: The True Story of Captain William Bligh*, Robert Hale, London, 1976 and St Martin's Press, New York, 1977.

Bligh, William, *A Book of the 'Bounty'*, edited by George Mackaness, EP Dutton, New York, 1938.

Christian, Edward, *Minutes of the Proceedings on the Court Martial, held at Portsmouth, 12 August 1792, on Ten Persons charged with Mutiny on Board His Majesty's Ship the 'Bounty', with an Appendix containing a full Account of the Real Causes, etc.*, London, 1794.

Zusammenleben: Verträglichkeit der Crew

Peter Noble

Segeln ist ein Vergnügen und eine Freizeitbeschäftigung, die einen ein Leben lang begleiten kann: Die meisten Segler sind physisch und psychisch stabil und der Sport hilft ihnen, ihren Weg zu gehen. Und trotzdem können die Anstrengungen und Einschränkungen innerhalb vieler Crews zu seelischen Problemen führen. Selbst ein Wochenendtörn wird mit Spannungen und schlechter Atmosphäre an Bord zum Horrortrip. Man könnte sogar sagen, dass zwischenmenschliche Spannungen mehr Segelurlaube verdorben haben als schlechtes Wetter.

Natürlich sind die Erfahrungen von Regattacrews, die um die Welt segeln, weitaus extremer als ein Wochenend- oder Urlaubstörn. Darüber ist in Büchern und Artikeln viel geschrieben worden. Auf einigen Booten führten starke Spannungen und Konflikte sogar dazu, dass sich die Mannschaften in unterschiedliche Fraktionen aufteilten. In der Regel können die meisten Probleme zwar gelöst werden, aber in einigen Fällen gefährden die seelischen Belastungen sogar den sicheren Fortgang der Reise, zumindest jedoch ist die Stimmung erheblich getrübt. Die größte Verantwortung und auch die stärkste Belastung trägt in diesem Fall der Skipper. Manche von ihnen waren so unpopulär, dass sie fast eine Meuterei provozierten und sogar von ihren Sponsoren entlassen werden mussten.

Langanhaltende physische Belastung und übergroße Besatzungsdichte sorgen zweifellos für wachsenden Stress und persönliche Auseinandersetzungen. Doch gibt es auch bestimmte Faktoren, die zu Harmonie und Effektivität an Bord beitragen können, während andere die Auswirkungen von Stress, mangelnder Effektivität, Erschöpfung und sogar seelischen Zusammenbrüchen erhöhen. In diesem Kapitel behandeln wir die Konsequenzen, die man aus wissenschaftlicher Sicht daraus zu ziehen hat. Ich interpretiere diese Informationen unter Zuhilfenahme meiner Kenntnisse als Segler und Psychiater.

Stress, Schlafmangel und Erschöpfung

Müdigkeit und fehlender Schlaf gehen einher mit Konzentrationsmängeln und falschen Entscheidungen. Dies ist auch der Grund dafür, warum es Gesetze gibt, wie lange ein Busfahrer am Steuer sitzen oder ein Pilot die Verantwortung für ein Flugzeug haben darf. Skipper und Crew einer Yacht müssen ihre eigenen Regeln finden. Es gibt keine Gesetze, die dafür sorgen, dass man pausieren darf, wenn man erschöpft ist. So behandeln die meisten Studien über Flugzeugbesatzungen, Seglern und Soldaten die Auswirkungen von Schlafmangel und Erschöpfung im Extremfall. Wenn es ernst wird, das ist klar, gibt es keinen Anspruch auf Erholung. Zu wissen, wie sich die jeweiligen Effekte auswirken, ist für Personen in Führungsposition entscheidend.

Die Ergebnisse sind eindeutig. Rein physische Aufgaben werden selbst dann noch effektiv und unter extremer Belastung gut ausgeführt, wenn sie entsprechend eingeübt sind. Eine Verschlechterung der physischen Leistung kommt zwar vor, ist aber ein langsamer Prozess. Dies deckt sich auch mit unserem Wissen über Langstreckensegeln. So würde ich von einem erfahrenen Skipper oder Crew trotz tagelanger Schlaflosigkeit und Erschöpfung erwarten können, dass sie das Großsegel bei einem aufkommenden Sturm bergen und ihre Aufgabe sorgfältig durchführen. Dies ist auch der Grund, warum Einhandsegeln auf offener See weit weniger riskant ist als man gemeinhin annimmt. Blauwassersegeln bedeutet – vor allem bei schwerem Wetter – harte physische Anstrengungen. Die psychischen und geistigen Ansprüche steigen erst mit der Annäherung an Land. Wenn man müde ist, kann man seine physische Müdigkeit sehr schnell überwinden – selbst ein Nickerchen von einer halben Stunde kann vorteilhaft sein. Die anstrengendsten Zeiten, die ich je miterlebt habe, waren nicht etwa auf einem Boot, sondern als junger Arzt. Ich überlebte nächtelange Dienste ohne Schlaf und hielt mich nur mit Sekundenschlaf am Tag oder in der Nacht über Wasser, wann immer sich eine Gelegenheit bot. Das ist zwar nicht optimal für einen Mediziner, aber ein ausgezeichnetes Training fürs Segeln mit kleiner Crew.

Im Gegensatz dazu schwindet mit ansteigender Erschöpfung die Fähigkeit, geistige Aufgaben zu lösen. Schlafmangel und Übermüdung gehen einher mit mangelhaftem Urteilsvermögen. In diesem Zustand neigt man auch dazu, völlig untypische Risiken einzugehen. Schwache Entscheidungen und mangelhaftes Erkennen von Aufgaben sind die Folge. Ein Boot in Küstennähe kann unter Umständen sich lediglich deshalb in Gefahr befinden, weil Crew und Skipper übermüdet sind. Angst und Seekrankheit tragen das ihrige dazu bei und verstärken sogar die Müdigkeit.

Diese Art Leistungsabfall ist heimtückisch, da die betroffenen Personen nicht einmal mehr merken, dass sie nicht mehr kompetent sind. Auf Einsicht braucht man nicht zu hoffen. Es gibt zahlreiche Berichte über Yachten mit knapper Mannschaft, die zwar sicher den Ozean überqueren, aber in Küstennähe wegen einfacher Navigationsfehler scheiterten. So schrieb Edward Nott-Bower nach dem Verlust seiner Yacht Smew: „Es ist schwierig, die fließende Grenze auszumachen, bei der man sich vom verantwortungsbewusst handelnden Menschen auf See zum langsam bewegenden Etwas verwandelt...ein Mensch, von schwerster Ermattung getrübt, bei dem jeder Gedanke und jede Bewegung eine bewusste Anstrengung erfordert."

Selbst bei schwerem Wetter – vor allem in der Nacht – ist es sicherer, auf offener See beizudrehen, als sich der Küste zu nähern. Wichtig ist, dass der Skipper

Gute Vorbereitung reduziert den Stress: Das Großsegel wurde eingeholt, bevor der atlantische Sturm aufkam (auf der Artemis, der Yacht des Autoren)

nicht so ängstlich ist, dass er seinen Schlaf vernachlässigt. Eine intelligente Wacheinteilung ist ein Sicherheitsfaktor (lesen Sie dazu Seite 56). Um in diesem Zusammenhang einmal John Wayne zu zitieren: „Wenn es hart wird, legt sich der Härteste erst mal zur Ruh'.“ Beim Segeln unter schwierigen Bedingungen ist es beruhigend zu wissen, dass die Freiwache schläft – um wieder fit sein wird, wenn sie an der Reihe ist.

In schwierigen Situationen kommt es auf Ruhe und souveräne Führung an, auch wenn dies leichter gesagt ist als getan. Wie wir gesehen haben, machen unerfahrene Skipper immer wieder den Fehler, zu viel selbst in die Hand nehmen zu wollen. Wichtig ist daher, voraus zu denken und Aufgaben zu delegieren. Selbst eine Anfängercrew ist in der Lage, bei schlechtem Wetter gut Ausguck zu halten – mehr ist oft auch gar nicht erforderlich. Gute Skipper legen Wert darauf, die Wacheinteilung beizubehalten und sich auszuruhen, wann immer sich die Möglichkeit bietet. Ein erschöpfter Skipper wird schnell inkompetent und seine Führungsqualitäten werden schlecht.

Seelische Zusammenbrüche unter physischem Stress und Gefahren

In einer Zusammenfassung von 25 wissenschaftlichen Studien wurden all die Faktoren aufgelistet, die für Versagen von Piloten im Einsatz verantwortlich sind. Verwechseln von Aufgaben und mangelhaftes Team-Training sind die Ursache für wachsenden Stress und für mögliche Zusammenbrüche. Faktoren wie Müdigkeit, Hunger, Kälte und Schlafmangel verschlechtern nicht nur die Moral, sondern reduzieren auch noch die Fähigkeit, Schwierigkeiten und Gefahren zu meistern. Andererseits wirken Führungsqualitäten, Zusammenhalt und Teamgeist eher schützend.

Natürlich ist Segeln nicht mit einem Einsatz zu vergleichen, aber erfahrene Segler werden auf dieser Rechercheliste, die bei Flugzeugcrews erarbeitet wurde, sehr viel Ähnlichkeit mit der Mannschaftsmoral unter schwierigen Segelbedingungen erkennen. Gute Führungsqualitäten eines Skippers vermindern die auf die Crew übertragenen Stressfaktoren. Nicht wissen, was man tun soll, und Routinemangel haben den gegenteiligen Effekt. Ein verantwortungsbewusster Skipper wird seine Entscheidungen mit den emotionalen Bedürfnissen seiner Crew abstimmen und sich nicht nur auf die Technik berufen.

Die See ist unkontrollierbar, aber sorgfältige Vorbereitung vermindert den Stress in schwierigen Situationen. Wer unter Seekrankheit leidet, ist zu geschwächt, sich aus dem Cockpit herauszubewegen. Krank kauert dieser vor sich hin, kühlt aus und dehydriert – und wird auf diese Weise ein Risiko für sich selbst und eine Belastung für die anderen. Man muss ihnen helfen, sich in ein warmes Lager zu begeben, zu trinken und auch etwas zu essen. Besonders gefährlich ist die Kombination aus Unerfahrenheit, Angst, Erschöpfung und Seekrankheit. Seenot-Retter berichteten mehr als einmal, dass gerettete Crews trotz mittelschwerer Bedingungen völlig kollabierten. Häufig bricht auch das Wachsystem dann zusammen, wenn schlecht angeleitete und unerfahrene Mannschaften plötzlich auf Schwierigkeiten treffen. Jeder ist beim kleinsten Anlass erschöpft, und niemand ist in der Lage, sich auszuruhen und Kraft zu schöpfen. In diesem Fall werden auch Essenszubereitung und Selbstversorgung vernachlässigt, was zur Folge hat, dass die Crew schnell unter Flüssigkeitsmangel leidet, friert und hungrig ist. All dies kann durch gute Vorbereitung und entsprechende Führungsqualitäten vermindert oder sogar völlig vermieden werden.

Auch das Bootsdesign selbst spielt bei der Reduzierung von Stress eine Rolle.

Eine traditionelle, schwere und langkielige Yacht ist konstruktionsbedingt in rauer See komfortabler, da sie sich leichter durch die Wellen bewegt. Eine der positiven Erfahrungen, die ich mit meiner Artemis machte – einer von Peter Brett entworfenen Rival 34 – war, dass sie in schwerer See auf ihrem Kurs blieb und die Crew sich darauf konzentrieren konnte, aufeinander aufzupassen. Natürlich gelang es jungen Anfängern auch mit leichten Verdrängern, schnell und erfolgreich einen Ozean zu überqueren. Aber seien Sie gewarnt: Diese Boote sind nicht nur unkomfortabler, sondern in rauer See auch schwieriger zu segeln. Die Sicherheitsmarge ist – vor allem für eine unerfahrene Familiencrew – bedeutend kleiner.

Auf so gut wie jeder Yacht gibt es einen Erste-Hilfe-Kasten sowie ein Buch, das bei medizinischen Notfällen, wie z.B. einer Blinddarmentzündung, einer Ohnmacht oder einer schweren Verletzung Ratschläge erteilt. Zum Glück kommen diese Notfälle nur selten vor und die meisten unter uns werden ein Leben lang segeln, ohne mit solch einer Situation konfrontiert zu sein. Genauso wichtig wie die erste Hilfe bei physischen Verletzungen ist der sensible und effektive Einsatz in dem Falle, wenn psychische Probleme auftreten. Gelegentlich entwickeln sich Stressreaktionen, die unterschiedlich ausfallen können. In der Regel sind dies Beklemmungen, Erschöpfung, Seekrankheit und Angst. Diese Folgen sind auf einem „harmonischen Schiff" eher selten, es sei denn, der Patient hat bereits eine Vorgeschichte mit psychischen Problemen. Die damit verbundenen Symptome können sich in Form von Verängstigung, Depression, Lethargie, Feindseligkeit und auch der Unfähigkeit ausdrücken, die einfachsten Aufgaben auszuführen. Idealerweise sollte man dies schon in einem frühen Stadium entdecken, bevor die Person in sich zusammenbricht. Wenn man keinen Arzt oder Psychologen um Hilfe bitten kann, dann denken Sie an folgende Ratschläge, die sich auf Erfahrungen in der Militär-Medizin stützen und die an Bord leicht angewandt werden können.

- Gestatten Sie dem Crewmitglied einen Tag völliger Ruhe und entbinden Sie ihn von allen Aufgaben. Versuchen Sie, es der Person so bequem wie möglich zu machen.
- Verzichten Sie auf Kritik, Vorwürfe und Beschimpfungen. Wirken Sie beruhigend auf die Person ein – und die Genesung wird normalerweise sehr schnell eintreten.
- Eine besondere Medikation ist nicht erforderlich. Bei einer schweren Schlaflosigkeit können entsprechende Mittel helfen. Nutzen Sie alle Bordmittel – und sei es eine doppelte Dosis Anti-Histaminen oder Tabletten gegen Seekrankheit oder auch warme Milch mit einem Cognac.

Seelische und persönliche Probleme auf einem kleinen Boot

Das extreme Beispiel für eine kleine Gruppe, die auf engstem Raum längere Zeit unter gefährlichen Bedingungen zusammenleben muss, ist wohl die Crew einer

Weltraumrakete. Auf der russischen Salyut 6 mussten die Kosmonauten mehrere Monate bis zu einem Jahr lang in einer Raumstation arbeiten und leben. Alle Kosmonauten waren jung, fit und seelisch stabil – was man beileibe nicht von jedem durchschnittlichen Fahrtenskipper sagen kann. Jeder der Kosmonauten besaß außerordentliche Fähigkeiten, und dennoch entwickelten sich Spannungen und Stresssituationen innerhalb der Crew, je länger der Aufenthalt an Bord dauerte. Schon deshalb musste man mehr darauf achten, wie die einzelnen Personen zueinander passten und welche zwischenmenschlichen Probleme entstehen konnten. Die russischen Psychologen, die die Kosmonauten beobachteten, waren überzeugt davon, dass man die Vergangenheit jedes Einzelnen studieren musste, um eine Vorhersage über die Crewverträglichkeit machen zu können. Potentielle Crews wurden beobachtet und getestet, während sie miteinander lebten und zusammen arbeiteten. Unter anderem mussten sie mehrtägige Autoreisen unternehmen, bei denen sie nur für kurze Tank- und Verpflegungsstopps das Fahrzeug verlassen durften. Probanten, die unter diesen fast claustrophobischen Verhältnissen Spannungen entwickelten, wurden in andere Teams versetzt. Es sieht so aus, dass man sich einen Lada kaufen (billiger als eine Yacht) und seine Crew hinein verfrachten muss, um mit ihnen auf und ab durch Sibirien zu fahren. Wer nach einer Woche immer noch halbwegs normal ist, wird wohl auch die schwierigste und längste Ozeanüberquerung überstehen.

Aber im Ernst: Es ist schon sehr Besorgnis erregend, dass einige Segler sich nicht einmal kennen – von einer Art Auswahlverfahren einmal abgesehen – und dennoch bereit sind, sich gemeinsam auf lange Reisen zu begeben. Da darf es nicht überraschen, dass es zu Spannungen unterschiedlichster Ausprägung kommt und dass die Ausfallquote sehr hoch ist. Ein flüchtiges Kennenlernen mit einer Person, mit der man längere Törns segeln will, hat nur beschränkten Wert. Nicht unbedingt gibt es eine „Antipathie auf den ersten Blick" und es ist außerordentlich unbefriedigend, mit einer Person auf engem Raum zu leben, die man nicht mag. Dass sich eine Besserung einstellt, ist auch sehr unwahrscheinlich. Idealerweise sollte eine Crew gemeinsame Segelreisen unternommen haben, ehe sie sich auf das Wagnis einer langen Reise einlässt, wobei schon der Törn von Europa zu den Kanaren als guter Indikator für eine Atlantiküberquerung gelten mag. Sollte es jedoch unmöglich sein, gemeinsam zu segeln, dann ist es zumindest hilfreich, an Land einige Zeit zusammen zu verbringen. Denkbar ist zum Beispiel ein langes Wochenende in einer kleinen Ferienwohnung, wo man schnell etwas über die Charaktere und deren Verträglichkeit herausbekommen wird.

Unverträglichkeitsreaktionen äußerten sich bei den Beobachtungen der Weltraumcrews in Müdigkeit, Lethargie, Reizbarkeit, seelischer Instabilität, Schlaflosigkeit und zwischenmenschlichen Spannungen, die mit der Dauer der Mission auch zunahmen. Auf Charteryachten mag man sich zwar für die Dauer einer Woche zusammenraufen, auf längeren Törns ist die Wahrscheinlichkeit hoch, dass die Schwierigkeiten zunehmen. Auch in diesem Zusammenhang ist es wichtig, darauf zu achten, dass der „Dienstplan" an Bord gut eingeteilt ist – mit festen Zeiten fürs

Arbeiten, fürs Ausspannen und Schlafen sowie für soziale Aktivitäten. Auf diese Weise können die Probleme minimiert werden.

Wacheinteilung und Bordroutine

Die Wichtigkeit einer guten Wacheinteilung kann gar nicht genug betont werden. Sie ist sowohl für die Moral als auch für die Sicherheit unverzichtbar. Jeder an Bord sollte genau wissen, wann er „arbeiten" muss und wann er Zeit für sich selbst hat. Dies ermöglicht jedem, sich seine Zeit einzuteilen und auch auszuruhen, ohne ein schlechtes Gewissen haben zu müssen. Wenn es die Stärke der Besatzung gestattet, kann man durchaus über ein System nachdenken, bei dem der Skipper nicht teil des Wachsystems ist, da er ohnehin immer auf Abruf bereit sein muss. Die meisten Skipper allerdings sind nicht in der Lage, Aufgaben genügend zu delegieren und neigen dazu, zu übermüden und damit auch an Leistungsfähigkeit einzubüßen.

Ein effektives Wachsystem ist selbst auf einem kurzen Segeltörn von nur wenigen Stunden erforderlich. Bei einer Zweiercrew auf Blauwassertörn hingegen braucht man die Freiwache wohl kaum einzuteilen – man wird sie in der Regel schlafend verbringen. In größeren Mannschaften sind längere Pausenzeiten wahrscheinlicher, in denen man nichts zu tun hat und womöglich lethargisch herumhängt. Leichte Seekrankheit unterstützt dies zusätzlich. Aus den Studien über die russischen Kosmonauten ist zu entnehmen, dass sich Anspannung reduzieren und die Moral verbessern lassen, wenn man die Freizeitaktivitäten regelt. Dies trägt dazu bei, außerhalb der Koje wacher zu sein und schließlich besser zu schlafen.

Kleine Mannschaften funktionieren offenbar dann am effektivsten, wenn sie ein Gefühl für Autonomie entwickeln können und ihre eigenen Standards setzen. In diesem Fall kann die wachhabende Crew in entscheidenden Fällen auf den Rest der Crew zurückgreifen, wenn zum Beispiel ein neuer Kurs eingeschlagen, Segel gewechselt oder navigiert werden muss. Der Moral zuträglich ist auch die Tatsache, wenn der Skipper Entscheidungen diskutiert, wenn er delegiert und er nicht penibel alles überwacht. Wenn beliebte und unangenehme Aufgaben nicht gerecht verteilt sind, muss der Skipper eingreifen, ehe es zu chronischen Missstimmungen kommt.

Menschen stecken gerne ihr Revier ab und – wie bereits erwähnt – reagieren sie auf eine zu große Menschendichte mit Spannungen und Aggressionen. Dies ist zu berücksichtigen, wenn man über die Crewstärke nachdenkt. Wenn der Platz an Bord nicht für jeden eine Kabine oder zumindest eine Koje bereithält, dann sollte zumindest jeder einen Stauraum haben, der nur von ihm selbst genutzt werden darf. Gegenseitige Rücksichtnahme, jedem seinen Bereich zu überlassen, kann sogar die Folgen von Überbelegung mindern. Eine gute Crew ist rücksichtsvoll und nicht aufdringlich. Zwar gibt es Zeiten der Gemeinsamkeit, aber ebenso wichtig ist es, die Privatsphäre jedes Einzelnen zu respektieren. Jedem muss erlaubt sein dürfen, seine „chinesische Mauer" zu errichten. Eine Crew ist wie eine Familie, was der Dichter George Bernard Shaw einmal so ausdrückte: „Eine Familie ohne Benehmen ist unmöglich... alles kann nur dann funktionieren, wenn jeder auf jeden Rücksicht nimmt."

Segeln sollte Freude bereiten und der Skipper muss so viel wie möglich dazu beitragen, dass sich die Crew entspannen kann und Spaß hat. Es mag zwar harte Zeiten geben, aber eine gut geführte Crew baut auf diesen sogar ihre moralischen Stärken und den Teamgeist auf. Eine „Happy Hour" zum Beispiel, bei der sich alle Crewmitglieder auf einen Drink treffen und mögliche Probleme diskutieren, sorgt für Teamgeist und baut Spannungen ab. Auf meinem eigenen Boot, der Artemis, waren diese „Happy Hours" so erfolgreich, dass ich sogar jeweils um 12.00 Uhr und um 18.00 Uhr eine abhielt.

Wenn es keine Einteilung für den Küchendienst gibt, kann auch dies Anlass für Spannungen und Konflikte sein. Essenszubereitung auf See ist wichtig, wenn auch manchmal schwierig. Bei großen Crews mit einem rotierenden Wachsystem wird der „Koch des Tages" von allen anderen Aufgaben entbunden.

Natürlich muss die Yacht angemessen mit Proviant versorgt und die Crew gut ernährt sein. Die Staukräume, die für die Küche reserviert sind, müssen sich von denen unterscheiden, die nur für den täglichen Gebrauch sind und zu denen jeder Zugriff haben darf. Wirklich wichtig sind Nahrungsmittel und Getränke, so dass sich die Crew jederzeit einen Snack oder ein heißes Getränk zubereiten kann. Auf seiner legendären Arktis-Expedition nahm der Forscher Tilman ungenießbares Schwarzbrot mit, das die Crew nicht essen wollte. Auf diese Weise sparte er Lebensmittel und auch Stauraum. Ein zweites Mal wollte niemand mit ihm segeln!

Segeln zusammen mit einer Crew ist gleichbedeutend mit Verzicht auf Privatsphäre, Selbstbestimmung und Autonomie. Verstärken Sie diese Einschränkungen nicht dadurch, dass sie alles sehr knapp kalkulieren. So erzählte mir ein ARC-Skipper seine traurige Trockenkuchen-Geschichte. Jeder dieser Kuchen konnte in exakt fünf Teile geschnitten werden – ein Scheibchen pro Person als zweites Frühstück jeden Tag. Er hatte genau ausgerechnet, wieviele Kuchen er benötigen würde, was jedoch ein junger Mitsegler durcheinander brachte, weil er immer wieder um eine zweite Scheibe bat. Auf der Strecke von Gibraltar nach Las Palmas biss der Skipper die Zähne zusammen, um den Missetäter dort endlich loswerden zu können.

Vorbereitung ist alles – die meisten Dinge können dabei lange im Voraus erledigt werden, ehe man den Hafen verlässt.

- Die Crew-Auswahl ist entscheidend – charakterliche Unverträglichkeiten sollten früh entdeckt werden. Lieber segelt man mit zu wenig Mannschaft als mit einer Crew, auf die man sich nicht verlassen kann oder in der sich ein Unruhestifter befindet.
- Stauplan, Kojen und Verpflegung müssen sorgfältig bedacht sein. Ich selbst segle lieber mit zu wenig als mit zu viel Crew. Ein erfolgreicher Skipper muss in der Lage sein, entscheidende Dinge mit seiner Mannschaft zu diskutieren.
- Küchenarbeit und Essenszubereitung sind zu wichtig, als dass man sie ver-

Vor Topp und Takel in einem atlantischen Sturm auf der Artemis, der Yacht des Autors. Während sich einer an Deck befindet, ruht sich der Rest der Crew warm und trocken unter Deck aus.

nachlässigen dürfte. Kochen auf See ist schwieriger als Navigation, aber mindestens genauso wichtig.

- Es gibt kein perfektes Wachsystem – alles ist lediglich eine Frage der äußeren Umstände und was zu den Bedürfnissen der Crew passt. Allerdings sollte es vor dem Ablegen überdacht und mit den Mannschaftskollegen diskutiert werden. Ich selbst habe viele „glückliche" Törns mit den unterschiedlichsten Systemen erlebt, aber es gab keine Harmonie an Bord, wenn das Wachsystem nicht gut organisiert war.

Jede Crew ist anders und eine einzigartige Gemeinschaft. Auf manchen Yachten läuft es besser als auf anderen. Leider gibt es Boote, wo es an Bord zu Spannungen kommt, die Effektivität und Sicherheit mindern. Feste Regeln und Ratschläge gibt es in Wirklichkeit nicht. Dennoch kann man eine ganze Menge aus den Studien über Flugzeugcrews lernen. Es sind Menschen, die in großer Enge auch in gefährlichen Situationen bestehen müssen. Wer dies berücksichtigt, hat große Chancen auf einen erfolgreichen Törn mit einer zufriedenen Crew.

LITERATURHINWEISE

Kanas, N, 'Psychosocial support for cosmonauts', *Aviation, Space and Environmental Medicine*, 1991, pp 353–6.

Die Tragödie der Appolonia

Oliver Wall und Peter Noble

Wir befassten uns bereits mit den Problemen, die zwischen Skipper und Crew auftreten können. Die nachfolgende Geschichte ist ein Extremfall, der allerdings in einem Doppelmord endete. Sollten Sie in irgend einem Hafen irgendwo auf der Welt einmal miterleben dürfen, dass Segler nach einem mehrwöchigen Törn einlaufen, dann können Sie sich auf einige Geschichten gefasst machen. Nach dem anfänglichen Stolz, es geschafft zu haben, wird die Crew jedoch normalerweise in alle Winde verweht. Jeder einzelne wird froh sein, mit dem durchlebten Hexenkessel nichts mehr zu tun zu haben. Doch allzu oft heuern Crewmitglieder, die den zukünftigen Skipper gar nicht kennen und auch nicht wissen, ob dieser überhaupt kompetent ist, nach dem Motto „Hand gegen Koje" an. Auf der anderen Seite gibt es auch die Sorte Skipper, die jedes Detail – von der Ausrüstung übers Wetter bis zur Route – penibel vorbereiten, aber im letzten Moment Personen an Bord nehmen, die sie kaum kennen. Von Referenzen oder gar einem längeren Probetörn ganz zu schweigen.

Die Appolonia-Tragödie ereignete sich auf der Reise zwischen den Kanaren und Barbados, nachdem der deutsche Skipper vier Unbekannte an Bord genommen hatte. Auf den folgenden Seiten erzählen wir die Geschichte einer Reise, wie sie nicht schlimmer hätte verlaufen können. Außerdem versuchen wir zu erklären, wie es zu der Katastrophe kam und wie sie hätte verhindert werden können. Wie gesagt – die Ereignisse sind der Super-Gau zwischenmenschlicher Beziehungen. Wie wir inzwischen wissen, kommt es auf die Auswahl der Crew und die Führungsqualitäten der Skipper an. Die Geschichte der Appolonia lehrt, dass – wenn ein Plan aus dem Ruder läuft – die zu übernehmende Verantwortung an Bord mindestens genauso ernst genommen werden muss wie die Sicherheitsausrüstung.

Die Geschichte eines Doppelmordes auf hoher See

Der Mann im Gerichtssaal war um die 40 Jahre alt. Sein Name Paul Termann, groß, kräftig gebaut und Bartträger. Neben ihm die 38jährige Dorothea Permin, eine schmächtige, aber irgendwie attraktive Frau. Keiner von beiden schien in das Raster zu passen, dass der Staatsanwalt von ihnen zeichnete: Zwei Verbrecher, die zwei Morde und einen versuchten Mord während der Atlantiküberquerung auf der Yacht Appolonia auf dem Gewissen hatten.

Der Bremer Staatsanwalt kam schließlich auf den entscheidenden Punkt eines Gutachtens zu sprechen: „Keiner der Personen an Bord der Yacht", so las er vor, „hatte ausreichend Segelerfahrung. Weder waren sie mit den spezifischen Gefahren einer Atlantiküberquerung vertraut, noch wussten sie, wozu Spannungen führen können, wenn man lang auf engem Raum zusammenleben muss. Das Resultat ist bekannt. Die Mannschaft bestand aus drei Zweier-Fraktionen, alles Personen, die sich wenige Tage vor der Abreise noch nicht kannten."

Gewalt auf See ist so alt wie die Seefahrt selbst. Aber nur in seltenen Fällen wurde sie vor Gericht verhandelt. Und wenn doch, waren stets professionelle Seeleute darin verwickelt. Das Pikante dieses Falles lag auch darin, dass es sich um eine bekannte Charter-Yacht handelte und es daher wenig überraschte, dass die Öffentlichkeit schockiert war. Der Wassersportjournalist Alexander Rost schrieb in der Wochenzeitung „Die Zeit": „Kaum jemand dürfte in der Lage sein, sich den Wechsel von einem geordneten Alltag zum vermeintlich freien Abenteuerdasein vorzustellen. Und dabei einen Gedanken daran verschwenden, wie schnell auf dem weiten, offenen Ozean das Schiff, das Boot oder die Kabine zum engen Gefängnis werden kann. Der echte Seemann war sich dessen immer bewusst. Daraus folgte die genaue Arbeitsteilung an Bord und die klaren Hierarchien."

Das Umfeld von Herbert Klein

Der Besitzer der Appolonia, Herbert Klein, war Spediteur aus der Nähe von Düsseldorf. Sein Vermögen hatte er in der prosperierenden deutschen Wirtschaft gemacht und wollte nun gemeinsam mit seiner Freundin Gabriele Humpert seinen Horizont erweitern. Der knapp über 30-Jährige war verheiratet, lebte aber von seiner Frau getrennt. Nun wollte er in der verführerischen und – wie er glaubte – lukrativen karibischen Charterbranche eine Aus-Zeit nehmen.

Klein kaufte die Appolonia im Jahr 1981. Die 54-Fuß-Yawl hatte einen langen Kiel, war 18 Tonnen schwer und besaß eine Segelfläche von rund 174 Quadratmetern. In der norddeutschen Segelszene war die Appolonia kein unbeschriebenes Blatt, fuhr sie doch zuvor als Flaggschiff für die Segelkameradschaft „Wappen von Bremen". Mehr als 300.000 Seemeilen hatte die Wappen von Bremen II auf dem Log, war 24 Mal über den Atlantik gesegelt und hatte im Sommer 1976 als erste Yacht überhaupt auf 81° Nord Spitzbergen umrundet. Die Unterhaltungskosten zwangen die Segelkameradschaft, die Yacht zu verkaufen. In der Anzeige im clubeigenen Magazin wurde die Wappen von Bremen II zwar nicht als schnelle, aber als äußerst seegängige Yacht beschrieben. Herbert Klein kaufte die Yacht für 180.000 Mark und investierte weitere 100.000 Mark in Um- und Ausbau. Als Klein einer Münchner Charteragentur von seinen Karibikplänen erzählte, bestärkte diese ihn, so schnell wie möglich den Atlantik zu überqueren.

Das erste Treffen zwischen Herbert Klein und Paul Termann fand in Pasito

Blanco statt, dem Hafen von Gran Canaria. Es wurde nie bekannt, warum Kleins ursprünglich für den Törn vorgesehene Crew das Weite gesucht hatte. Seine Frau, die immer noch Kontakt zu Herbert Klein hatte, sprach vor Gericht davon, dass er diese Crew bezichtigte, mit dem Boot unachtsam umgegangen zu sein und er mit seinen Nerven deshalb am Ende war. Sie beschrieb ihren Mann als Person, der stets nach vorne blickte, tolerant und lebenshungrig war. Allerdings widerspricht dem die Aussage der ursprünglichen Crew, die Klein als nicht kritikfähig, agressiv und intolerant bezeichnete. Wo auch immer die Wahrheit lag, zweifellos ist, dass sich in jenen Tagen an Land zwischen Klein und Termann eine Beziehung entwickelte, die so etwas Ähnliches wie Freundschaft war.

Das Umfeld Paul Termanns

Paul Termann war in der DDR aufgewachsen und 1957 in den Westen geflohen, weil er sich dort Reichtum erhoffte, der aber nie eintrat. Als er 1960 in die Bundeswehr einberufen wurde, verpflichtete er sich für fünf Jahre als Fracht-Hubschrauberpilot. Diese Zeit verging offensichtlich ohne Zwischenfall, doch finden sich in Termanns Akte Hinweise auf seine Unausgeglichenheit, auf seine Neigung zu Angeberei und auch den nur durchschnittlichen Fähigkeiten, mit Stress fertig zu werden. Es folgte eine Reise nach Südafrika, wo seine Fluglizenzen allerdings nicht anerkannt wurden, was er schon in Deutschland hätte wissen können. Ab 1971 war Termann zunächst als Zugführer für Langstrecken bei der Bundesbahn und später bei der Hamburger U-Bahn angestellt – ein sozialer wie beruflicher Abstieg, der ihm nicht verborgen blieb.

In den 70er Jahren beschäftigte er sich mehr und mehr mit der See und dem Segelsport, als er schließlich von einem Captain Lohse erfuhr, mit dessen Yacht Orion sie die Welt umsegeln wollten. Für diesen Zweck zahlten Paul Termann und seine Partnerin Dorothea Permin jeweils 7500 Mark an den Eigner. Der Start war für Anfang 1981 vorgesehen, aber Lohse war außerstande, seine Hamburger Wohnung zu verkaufen. Die arbeitslosen Termann und Permin lebten sechs Monate lang an Bord der Orion. Obwohl die Wohnung immer noch nicht verkauft war, segelten sie los. Doch die Beziehung zwischen Lohse und seiner Crew bekam Risse, und Ende August machte die Orion in Pasito Blanco fest. Lohses Geldprobleme waren nach wie vor nicht gelöst, sodass dieser nach Deutschland zurückflog, um im Oktober mit neuen Plänen und einer neuen Crew wieder aufzukreuzen. Termann und Permin mussten von Bord gehen.

Klein und Termann als Team

Anfang November 1981 willigte Hermann Klein ein, dass Termann und Dorothea Permin als Crew die Appolonia in die Karibik überführen sollten. Termann war als Navigator vorgesehen, und Klein stellte ihm in Aussicht, dass er für seine Arbeit eine Bestätigung bekäme. Nach den Rückschlägen in Südafrika hatte diese Zu-

Die Appolonia, ein traditioneller Langkieler, während einer Regatta in der Nordsee. Foto: Helmut Schröder

sicherung für Termann höchste Bedeutung, war sie doch entscheidend, wenn er eine Arbeit auf einer Charteryacht oder in einer Segelschule finden wollte.

Unterdessen flog Klein nach Deutschland, um mit zwei Männern aus Konstanz zurückzukommen, die er per Kleinanzeige als Crew angeworben hatte. Der eine hieß Michael Wunsch, war 26 Jahre alt und nach abgeschlossenem Wirtschaftstudium auf der Suche nach Entspannung. Der andere hieß Dieter Giesen, war 30 Jahre alt und Pächter einer Kneipe. Letzterer war vom Wunsch besessen, mehr von der Welt kennenzulernen. Doch nur Wunsch hatte überhaupt Segelerfahrung, wenn auch nur auf dem See. Für Klein reichte dies offensichtlich aus, ihn zum Steuermann zu machen.

Wenig Beachtung schenkte man der Appolonia, als sie im November 1981 von Playa Puerto Rico aufs offene Meer auslief – eine konventionelle Yacht auf einem konventionellen Trip. An Bord allerdings war nichts normal – weder die Erfahrung der Crew insgesamt, noch die widersprüchlichen Vorstellungen, die jeder von dem Törn hatte. Für Klein und seine Freundin Gabriele war er schlicht ein Abenteuer, für Wunsch und Giesen ein Urlaub sowie für Termann und Dorothea bitterer Ernst.

Diese an Land noch schlummernde Tatsache sollte in den kommenden Tagen das Bordleben bestimmen. Jahrelang hatte sich Termann in Abendkursen ein theoretisches Wissen über Seemannschaft angeeignet, das sicher besser war als das von Hermann Klein. Was Termann sagte, war zwar richtig, jedoch immer in einem schulmeisterlichen Ton, den die Crew unmöglich akzeptieren konnte. Termann bemängelte vor allem Sicherheitsaspekte – vom nicht durchgeführten Mann-über-Bord-Manöver über die Aufgabenverteilung im Notfall bis hin zu der Lagerung der Signalraketen oder der Bedienung der Rettungsinsel.

Von Tag zu Tag verschlechterte sich die Atmosphäre an Bord. Während Termann und Dorothea lieber Elvis Presley hörten, bevorzugten Klein und Gabriele exzessiv Reggae. An einem schönen Tag entdeckte Termann einen unordentlich gemachten Knoten, worauf er Klein weckte und einen Vortrag über Sicherheit abhielt. Als nächstes folgte ein Sturm, der die Crew eigentlich hätte zusammenschweißen können, der aber das Gegenteil bewirkte. Zwar überstand die Appolonia den Sturm problemlos, aber die von Klein geführte Crew reagierte auf Terrmanns kontinuierliche Kritik mit Verachtung. In dem Maße, wie Termann entmachtet wurde, entspannte sich auch das Leben an Bord. Und dennoch: Das Frühstück wurde nicht mehr gemeinsam eingenommen, Entscheidungen nicht mehr diskutiert und die Wacheinteilung nicht mehr eingehalten. Als Klein auch noch einen 60 Fuß langen Tampen achtern ausließ, sich daran festmachte, um sich ausgelassen durch den atlantischen Schwell ziehen zu lassen, eskalierte die Situation. Termann lehnte es ab, Klein zu folgen, wobei das Wort „Feigling" fiel, das auch später immer wieder eine Rolle spielte.

Wachsende Spannungen

Die Hälfte der Strecke lag hinter ihnen und es wurde mit Champagner gefeiert. Nur Termann und Dorothea waren nicht eingeladen. Immer stärker wurde Termanns Verärgerung, die schließlich in offenem Hass gegenüber Klein mündete. Mit jeder Meile näherte sich Klein jedoch seinem Ziel Karibik. Und mit jeder weiteren Meile musste Klein erkennen, dass er dem harten Chartergeschäft mit einem alternden Boot und mangelhafter Segelerfahrung kaum gewachsen sein dürfte.

Am 13. Dezember lagen noch 500 Seemeilen und etwa vier Tage bis nach Bridgetown vor ihnen. Gabriele bereitete das Frühstück vor, wenn auch nicht für Termann und Dorothea. Termann beschwerte sich und Klein explodierte: „Du kannst dir dein Frühstück in Zukunft selbst machen. Beim nächsten Hafen wirst du ohnehin von Bord gehen." Gegen Mittag – am Ende seiner Wache – begab sich Termann unter Deck und rief Klein zu sich in die Kabine. Mit vorgehaltenem Revolver befahl Termann Klein, vier Blanko-Bögen zu unterzeichnen und setzte ihn davon in Kenntnis, dass er fortan das Kommando des Schiffes übernehme. Die erste Reaktion an Bord war blanker Unglaube. Termann befahl schließlich Klein und Gabriele, eine letzte Zigarette zu rauchen. „Du bist ein Feigling, Herbert, nicht wahr?" Worauf Klein – so die Aussage von Michael Wunsch – gesagt haben soll

„Ja, das bin ich." In dieser Situation gefiel sich Termann, der daraufhin befahl, Rühreier zu servieren. Während die Crew aß, drohte Termann immer wieder Klein und Gabriele damit, dass sie den Tag nicht überleben würden und dass er mit der Appolonia den Captain der Orion jagen werde.

Die Morde

Den ganzen Nachmittag lang bettelten Klein und Gabriele um ihr Leben, bettelten darum, in der Rettungsinsel ausgesetzt zu werden. Gegen Abend befahl Termann einen Segelwechsel und begab sich hinab zum Kartentisch, wobei er den Revolver mit sich führte. Nach Ansicht der Experten vor Gericht hatte dieser Befehl nicht unbedingt den Zweck, dass Termann nun mit kleinerer Mannschaft weitersegeln wollte. Klein jedoch interpretierte dies genau so und nachdem er Wunsch und Giesen geholfen hatte und danach ins Cockpit zurückgekehrt war, schnappte er sich eine Winschkurbel, ging hinunter zum Kartentisch, wo er Termann vier Mal auf den Kopf schlug. Mit blutüberströmtem Gesicht spannte Termann den Revolver und feuerte wie wild in der Kabine herum, wobei er Wunsch in der Brust traf. Ein zweiter, gezielterer Schuss traf Gabriele Humpert tödlich am Kopf. Noch immer hielt Klein seine Kurbel in der Hand und schlug zu.

Die Dunkelheit kam schnell. Dorothea Permin kommentierte die Ereignisse mit den Worten: „Was immer Paul macht, ist richtig." Ausgerüstet mit einer Taschenlampe ging sie zusammen mit Termann zum Bug, um nach Klein zu suchen. „Hier ist er", schrie sie und leuchtete mit der Lampe auf ihn. „Herbert, komm und sieh, was mit Gabriele passiert ist", rief Termann. Als Klein einen Schritt vorwärts machte, feuerte Termann ein drittes Mal ab. Herbert Kleins Körper ging über Bord, und wenig später folgte auch der von Gabriele Humpert.

Ankunft in Bridgetown

Vier Tage später beendete die Appolonia ihre Überquerung und machte in Bridgetown fest. Wunschs Zustand war stabil, aber er und Giesen waren durch die Drohungen Termanns viel zu eingeschüchtert, als dass sie dessen absurder Geschichte widersprechen konnten: Er erzählte, dass es einen Sturm gab, in dessen Verlauf Gabriele Humpert ertrank und der verzweifelte Klein ein oder zwei Tage später wie wild um sich ballerte, wobei er Wunsch traf und sich schließlich selbst erschoss.

Natürlich hatte es keinen Sturm gegeben. Die Polizei wusste dies einerseits aufgrund von Fotos von Wettersatelliten, andererseits von Seglern, die sich in der Region aufgehalten hatten. Dem deutschen Konsul – und begeisterten Segler – fiel auf, dass einige Seiten des Logbuchs fehlten und vier Seiten am Stück geschrieben worden waren. Doch solange Wunsch und Giesen nichts sagten, war die Polizei machtlos. Sie legte die Appolonia an die Kette und setzten kurz vor Weihnachten Termann, Dorothea und Giesen in ein Flugzeug nach Deutschland. Der verletzte

Wunsch folgte ihnen einen Monat später. Doch erst in der familiären Umgebung von Konstanz vertrauten sich Wunsch und Giesen einem Anwalt an.

Der Prozess

Bei dem Verfahren im November 1982 stellte die Verteidigung die These auf, es sei unwahrscheinlich, dass sich ein Mord mitten auf dem Ozean deshalb ereignen kann, weil es zu Spannungen an Bord gekommen war. Zahlreiche psychiatrische Gutachter wurden zur Stützung dieser These präsentiert. Doch von der Tatsache abgesehen, dass auch die Opfer zu der Situation beigetragen hatten, war das Gericht der Ansicht, nicht Stress habe die Hauptrolle gespielt. Termann hatte den Mord teilweise deshalb geplant, weil er Angst vor erneutem Scheitern hatte, teilweise aber auch aus Rachegefühlen. Paul Termann wurde wegen Doppelmordes zu zwei Mal lebenslänglich sowie 15 Jahren Haft wegen versuchten Mordes verurteilt. Dorothea Permin musste wegen ihrer Rolle bei den Morden für drei Jahre hinter Gitter.

Doch warum , wenn die Morde wirklich geplant waren, ließ Termann es so weit kommen, dass Wunsch und Giesen am Leben blieben und ihre Geschichte erzählen konnten? War es, wie Giesen glaubte, weil Termann befürchtete, nicht mehr genug Besatzung zu haben? War es verrückt oder auch ein bißchen zu schlicht, an die Macht der Drohungen zu glauben? Oder war Termann – wie die Verteidigung glaubte – vom Hass gegenüber Klein und Gabriele Humpert überwältigt?

Warum alles schief ging

Die Tragödie an Bord der Appolonia 1981 wurde allenthalben publiziert und kommentiert. Auch ich richtete mein Augenmerk auf den Fall, nicht nur als Segler, sondern auch als Psychiater, der bei Mordprozessen als Gutachter arbeitete. Zu dem Fall wurde ich sowohl als Fachmann als auch von Segelkameraden befragt. Und es gibt eine ganze Reihe von Lektionen, die man aus der Tragödie lernen kann.

Zum Glück ist Mord ein recht seltenes Delikt und die Wahrscheinlichkeit, an Land Opfer eines Verbrechens zu werden ist mit Sicherheit größer als auf dem Wasser. Wenn Herbert Klein bei seiner Crewauswahl sorgfältiger gewesen wäre, dann hätte er Termann als Unruhestifter ablehnen können. Allerdings wäre es unmöglich gewesen, in Termann einen potentiellen Mörder zu erkennen. Gewalt kommt vor allem dann vor, wenn es eine entsprechende Geschichte gibt, wenn geistige Störungen vorliegen oder wenn Alkohol oder Drogen im Spiel sind. All diese Indikatoren fehlten jedoch im Falle Termann.

Letzterer war ein Mann, dessen Karriere sich negativ entwickelte und dessen Selbstvertrauen angegriffen war. Termann hatte unrealistische Vorstellungen vom Segeln und von der bevorstehenden Reise. Natürlich wissen wir auch nichts über seine Denkstrukturen zum Zeitpunkt der Morde und wie er es schaffte, derartige Macht über die beiden Mitsegler Wunsch und Giesen auszuüben, dass sie anfangs seine Geschichte deckten.

Studien über Mörder zeigen, dass schreckliche Taten häufig ganz trivialen Provokationen auf den Fuß folgen. Die Provokation ist in der Regel der letzte Tropfen, der das Fass zum Überlaufen bringt. Offensichtlich ist genau dies auf der Appolonia geschehen, war es doch das Frühstück, das den fatalen Lauf der Dinge initiierte. Und – wie jeder Leser von Kriminalgeschichten weiß – benötigt ein Mörder auch eine Waffe. Im Fall Appolonia war es ein Revolver, ohne den Termann selbst bei entsprechender Veranlagung nur unter größten Schwierigkeiten in der Lage gewesen wäre, den Doppelmord auszuführen. Das Leben an Bord der Yacht geriet außer Kontrolle, und eines der Crewmitglieder war verstört und mörderisch veranlagt. Dieses Szenario ist ein Albtraum, doch fest steht – wäre an Bord der Appolonia keine Feuerwaffe gewesen, hätte die Crew und der Skipper mit großer Wahrscheinlichkeit lebend vier Tage später Barbados erreicht. Anschließend wäre jeder konsequent seiner Wege gegangen, was auf schlecht organisierten Booten mit Fremden an Bord gang und gäbe ist. Herbert Klein musste dies bereits auf seinem ersten kurzen Törn zu den Kanaren erleben. Ob es ratsam ist, Feuerwaffen an Bord mitzuführen, ist viel diskutiert worden. Manche bevorzugen Waffen aus Sicherheits- und Verteidigungsgründen. Jedoch ist eine Waffe in den Händen eines Eindringlings oder auch eines verwirrten Mannschaftsmitglieds alles andere als sicher. Mit einer Waffe kann eine gefährliche und bedrohliche Situation blitzschnell noch heikler werden – und genau das ist auf der Appolonia passiert.

Gewiss – Mord und Verwirrtheit auf See sind eher selten. Aber Spannungen und Rivalitäten wie an Bord der Appolonia sind – wenn auch in harmloserer Form – keine Seltenheit. Einschränkungen an Bord einer kleinen Yacht verursachen vor allem auf langen Reisen immense Probleme. Kleins Fehleinschätzungen trugen zur Verschlimmerung der Spannungen auf der Appolonia bei. Bleibt zu hoffen, dass wir nie einem Mörder gegenüber stehen müssen, aber diese Fehler dürften für uns alle etliche Lektionen enthalten.

Schlechte Führungsqualitäten

Die Defizite Herrmann Kleins waren offensichtlich – er hatte weder das theoretische Wissen noch die praktische Erfahrung, eine Yacht dieser Größe auf einem derartigen Trip zu leiten. In solch einer Situation ist es natürlich Wahnsinn, unerfahrene Mitsegler mitzunehmen, die man nicht einmal kennt. Insgesamt ideale Voraussetzungen für Rivalitäten und Machtkämpfe. Man muss zusätzlich wohl kaum erwähnen, wie unvernünftig es ist, wenn ein unerfahrener Skipper mit einem überdimensionierten Boot zu solch einer Reise aufbrechen will. Üblicherweise sammelt man erst einmal Erfahrung auf kleineren Yachten am Wochenende oder im Urlaub. Wenn es an Erfahrung mangelt, sollte man sich lieber auf einen erfahrenen Profi-Skipper verlassen, der an Bord auch eine klar definierte Rolle hat.

In Marigot Bay auf St. Lucia ließ sich Herbert Klein vom glamourösen Chartergeschäft blenden. Verchartern allerdings bedingt Führungsqualitäten und Organisationstalent.

Kann man sich diese professionelle Hilfe jedoch nicht leisten, dann sollte man die Reise zumindest verschieben oder abändern.

Auswahl der Crew

Zwischenmenschliche Spannungen treten vor allem dann auf, wenn die Crew wahllos ohne Rücksicht auf Verträglichkeiten zusammengestellt wurde. Die Crew der Appolonia lässt sich in drei Gruppen einteilen: Klein und seine Freundin Gabriele (die Opfer); Termann (der Mörder) und dessen Freundin Dorothea; die beiden jungen Männer Wunsch und Giesen. Es gibt keinerlei Hinweise darauf, dass Klein oder seine Crew irgendwelche Erkundigungen eingezogen haben. Allein Kleins mangelnde Qualifikation hätte ein Grund dafür sein müssen, ein Mitsegeln abzulehnen. Auf Referenzen konnte Klein ebenfalls nicht verweisen, da schon Erkundigungen bei seiner letzten Crew Kleins charakterliche Mängel offenbart hätten. Gute Gründe, Termann nicht mitzunehmen, gab es auch, hatte ihn doch schon sein letzter Skipper gefeuert. Wenn Klein nur minimal nachgefragt hätte, zumindest Termanns Unausgeglichenheit und sein Hang zum Unruhestiften wären ihm aufgefallen, möglicherweise sogar seine geistige Verwirrung.

Diese Ereignisse lehren, wie wichtig es ist, die Verträglichkeit einer Crew auf einem kürzeren Trip zu überprüfen. Im Fall Klein/Termann wäre die Inkompetenz des Skippers sowie die potentielle Rivalität zwischen den beiden sicher aufgefallen.

Wacheinteilung und Routine

Aggressionen und Rivalitäten können sich während eines langen Törns nicht nur sehr leicht entwickeln, sondern auch durch Unwohlsein der Crew bzw. Gefahr eskalieren. Wie wir gesehen haben, kommt es auf eine gute Wacheinteilung an, bei der auch die normalen Bordarbeiten berücksichtigt werden müssen. Gerade an den simplen Tätigkeiten wie Küchendienst entzünden sich die meisten Konflikte. Die Crew muss Gelegenheit haben, zusammen zu sitzen, zu entspannen und Schwierigkeiten zu diskutieren. So führte Kleins Verhalten, als er Termann und seine Freundin vom Champagnertrinken und schließlich vom Frühstück ausschloss, bei den beiden zu Verbitterung, weil sie sich ausgeschlossen fühlten. Dies ist ein klassisches Beispiel für schlechten Führungsstil und Fehlentscheidungen, aus denen sich nur Negatives entwickeln konnte. Die tödlichen Folgen allerdings waren unvorhersehbar.

Schlussfolgerungen (aus der Tragödie)

Es gibt freilich Punkte, die in dieser schrecklichen Geschichte unaufgeklärt blieben. So fand das Bremer Gericht nicht heraus, ob Terrmann tatsächlich geisteskrank war bzw. in welchem geistigen Zustand er sich zum Zeitpunkt der Morde befand. Er richtete zwei Menschen öffentlich hin, um danach das Kommando mit dem Ziel zu übernehmen, seinen früheren Skipper zu jagen und niederzustrecken. Größe und Irrsinn lagen hier dicht an dicht. Ein britisches Gericht hätte vermutlich anders geurteilt: Termanns Denkstruktur und sein Verhalten waren teilweise unzurechnungsfähig, mündeten jedoch im Doppelmord. Das Ergebnis – eine lange Gefängnisstrafe – wäre freilich dasselbe gewesen.

Was bleibt, ist eine Geschichte, die jedem Skipper, der Fremde an Bord nehmen will, eine Warnung sein sollte. Die tragischen Folgen waren einmalig, dennoch kann man viele Lehren aus diesem irdischen und gemeinen Kollaps ziehen.

Einhandsegler

Ros Hogbin

Im vorangegangenen Kapitel behandelten wir den extremen Fall des Versagens zwischen einem unerfahrenen Skipper und seiner Crew sowie die tragischen Folgen, die sich daraus ergaben. Auf den folgenden Seiten sind wir einer Spezies Segler auf der Spur, die sowohl als Skipper wie auch als Crew nur sich selbst verantwortlich sind: die Einhandsegler – Männer und Frauen, die sich ganz allein mit der See messen und die sich durch ihre Fähigkeit, sich ganz allein mit Wind und Wellen auseinander zu setzen, von allen anderen Seglern abheben. Die Tatsache, dass sie sich den Naturgewalten stellen, ließ sie auf ihren Reisen nicht nur seglerische Hochleistungen vollbringen, sondern auch in emotionaler Hinsicht außergewöhnliche Erfahrungen machen.

Einhandsegler sind Menschen, die sich aus freien Stücken dafür entschieden haben, den Meeren zu trotzen. Sie unterscheiden sich besonders deshalb von der Norm, weil sie sich die zu lösenden Aufgaben selbst stellten. In diesem Kapitel nähern wir uns den Fragen, warum diese Persönlichkeiten alleine segeln, was es für sie bedeutet und was den Traum vom Einhandsegeln auslöste.

Warum machen sie es?

Die Frage, warum man eigentlich Einhand segelt, ist zugleich ein Vorstoß in die Kernfrage, was denn der Grund für diese Art der Selbstbestätigung sein mag. Für viele ist es schlicht und ergreifend die Tatsache, dass sie alleine segeln befriedigt. Sich lange auf dem Meer befinden, auf dem die Verhältnisse von himmlisch bis höllisch reichen können, dabei viel Zeit zum Nachdenken zu haben – dies alles löst auch Momente aus, in denen diese Menschen sich auf die Suche nach der eigenen Seele begeben und dies nicht selten zu Papier bringen. Die Autobiografien dieser Segler sind in dieser Hinsicht erfrischend offen. Tatsächlich liegen die innersten Gedanken und Motive in dem Moment blank, in denen der Solosegler nach Worten ringt, die seine Gefühle am besten beschreiben.

Folgen der inneren Stimme

Joshua Slocum war der erste Einhand-Weltumsegler. Walter Magnes-Teller beschrieb ihn als „einsamen Wanderer, der mehr seiner inneren Stimme folgte als den Wünschen anderer. Und er folgte ihr mit aller Konsequenz." Genau genommen trifft dies auf alle Einhandsegler zu. So begründete Vito Dumas, der 1943 als Erster die drei Kaps über die Brüllenden Vierziger umrundete, seine Motivation: „War es vielleicht einfach nur, um zu zeigen, dass noch nicht alles verloren ist? Dass Träumer ihre Visionen leben können und dass Romantik selbst in diesen Zeiten überleben kann." Francis Chichester sah seine Weltumsegelung als Lebensart: „Ohne dies bin ich arm, unvollständig und unerfüllt."

Auch Bernard Moitessier schrieb in seiner für ihn typisch nach innen gewandten Art: „Ich hungerte nach dem Bedürfnis, den Wind auf hoher See zu spüren. Nichts anderes zählte in diesem Augenblick... Was Joshua und ich wollten, ist nur, allein gelassen zu werden. Nichts anderes existierte und hat je existiert." Für Pete Goss war die Erfahrung, allein um die Welt segeln zu wollen, apokalyptisch: „Plötzlich wusste ich, warum ich auf der Welt bin... Ich fühlte mich dazu berufen. Ich wollte es und ich wusste, dass ich es auch leisten konnte. Seitdem ging es nicht mehr aus meinem Kopf."

Abenteuergeist

Einhandsegler waren und sind Abenteurer, die von ihrer Einstellung „auf und davon" geradezu getrieben sind. Viele von ihnen galten schon in ihren jungen Jahren als Einzelgänger, die die Einsamkeit häufig draußen in der Natur suchten. Chichester wird zum Beispiel mit den Worten zitiert: „Stück für Stück kam ich zu der Auffassung, alleine in eine aufregende und abenteuerliche Welt aufbrechen zu müssen." Auch Alec Rose träumte von Abenteuern, während Moitessier sich daran erinnerte, dass er als Kind „den Stimmen des Waldes" lauschte. Robin Knox-Johnston beschrieb seine Fahrradtouren als Jugendlicher: „Ich wollte stets sehen, was sich hinter dem Horizont befindet. Das war dieser Geist von Abenteuer, den ich einfach hatte." Auch Goss sprach von seiner abenteuerlichen Jugend: „Ich bin immer verreist. Reisen ist Abenteuer. Als Kinder bauten wir uns Boote aus Karton und begaben uns auf imaginäre Reisen." Chay Blyth sieht Abenteuer als Art Gegenpol zur modernen Lebensweise: „Wir brauchen das Abenteuer. Die Menschheit hat es immer gebraucht. Und vielleicht benötigen wir es im Zeitalter der technischen Zivilisation mehr denn je."

Die bloße Herausforderung

Aber im Einhandsegeln steckt mehr als lediglich Abenteuer. Es ist hart, herausfordernd und nichts für Angsthasen. Es erfordert Körperbeherrschung, Ausdauer und manchmal auch den puren Willen voranzukommen. Sehr klar ausgedrückt hat es Chay Blyth, was das herausfordernde Moment seines Einhand-Törns für ihn war: „Es ging einfach darum herauszufinden, wozu der Mensch fähig ist und herauszufinden, welche Auswirkungen unter anspruchsvollen Bedingungen die Einsamkeit auf die Physis und die Psyche hat. Als Mike Golding Mitte der 90er-Jahre Blyths Weltumsegelungsrekord eingestellt hatte, nahm er kein Blatt vor den Mund: „Die Wahrheit sieht so aus – ich habe nicht die Einsamkeit gesucht, sondern nur den Rekord. Der Schwerpunkt liegt auf dem Wettbewerb. Es geht nicht darum, da draußen für mich allein zu sein. Wenn das alles wäre, hätte ich es nicht gemacht. Ich habe absolut keinerlei grundsätzliches Interesse, alleine zu segeln."

Für manche hat der Wettbewerbsgedanke beim Einhandsegeln inzwischen so überhand genommen, dass die menschliche Ausdauerleistung nebensächlich geworden ist. Die BOC Challenge ist ein Beispiel dafür. Über das längste Rennen der Welt, das ein Einzelner bestreiten kann, hat Josh Hall folgende Meinung: „Trotz modernster Technologie – das Meer wird immer so bleiben, wie es war: unbarmherzig und gnadenlos. Dies wird sich nie ändern, obwohl dies für Segler Risiko und Herausforderung zugleich ist.

Bergsteiger erklimmen den höchsten Gipfel, weil er einfach da ist. Und Einhandsegler überqueren aus genau demselben Grund die Ozeane.

Das Wesentliche am Alleinsein

Die Welt, in der Einhandsegler leben, unterscheidet sich in jeder Hinsicht vom Leben an Land. Der Einhandsegler ist ein Reisender, der niemals stillstehen kann. Das Meer mag einerseits groß und weit sein, es ist andererseits von Leben nur so erfüllt. Der Segler ist den Elementen sehr nah und sein Horizont ungebrochen. Er erlebt die Freiheit und die Einfachheit des Lebens, die die Wellen ihm bringen. Über die Härten seines Daseins ist er sich sehr wohl bewusst. In der Regel sind er und sein Boot miteinander verwachsen – eine Bande, die ewig währen kann. Und das Boot hat einen eigenen Charakter, den der Segler sehr gut kennt. Er weiß um seine Stärken, Schwächen und Neigungen. Ihm kann niemand mit physikalischen Ratschlägen kommen. Und es hilft ihm niemand, wenn die Bedingungen schlecht werden. Bei langen Überquerungen kommt schließlich der Aspekt allgegenwärtiger Erschöpfung hinzu.

Freiheit

Joshua Slocum hat einmal gesagt: „Niemand kann das Gefühl der Freiheit nachempfinden, die man auf dem Ozean erfährt – es sei denn Menschen, die auch diese Erfahrung gemacht haben." Diese Bemerkung ist zweifellos richtig, aber man kann sich auch ein Bild von den Gefühlen machen, wenn man den Bericht von Tony Bullimore über seinen ersten Trip jenseits der Küste liest: „Ich fühlte mich glücklich. Nirgends Einbahnstraßenschilder oder Ampeln. Ich bewegte mich über ein riesiges, bewegliches Tuch. Ein Naturwunder, ohne das es kein Leben auf dieser Erde gäbe. Und Neal Petersen, Teilnehmer bei der BOC Challenge, kommentierte: „Ich habe eine Art Freiheit gefunden, die man sonst nur in Geist und Seele erlangt."

Das einfache Leben

Mit der Freiheit einher geht der Verzicht auf Vielfalt. Vito Dumas war von der Einfachheit überwältigt, als er sich bei rauen Bedingungen sein erstes richtiges Essen zubereitete: „Suppe und Bratkartoffeln. Nicht viel, aber für mich ein Festessen.

Francis Chichester an Bord seiner Gipsy Moth IV. Foto PPL

Man wird immer bescheidender und schon eine Kleinigkeit kann einem große Befriedigung verschaffen. Vielleicht ist dies das wahre Leben." Auch Mike Golding beschäftigte sich mit einem Thema, das viele Segler betrifft: „Allein die Vorstellung, dass man den wilden Ozean überquert... und das ohne Motor und aus eigener Kraft ... dies ist schon etwas sehr Reines und Ansprechendes."

„Ich lebte nur mit der See und mit meinem Boot sowie für die See und für mein Boot." Mit diesen Worten wird Bernard Moitessier zitiert, und Robin Knox-Johnston setzt noch eins drauf: „Die einzige Realität, die ich kenne, ist meine Kabine und die endlose Weite des Meeres um mich herum. Der geradlinige Umgang mit den Elementen ist – wenn man die Grundregeln beherrscht – weit weniger schwierig als der Umgang mit den Verlockungen der Gesellschaft." Tony Bullimore beschreibt, was er nach den ersten 1000 Seemeilen empfindet: „Das ist der Moment, in dem ich mit Boot und Meer zusammenwachse. Allmählich vergesse ich das Landleben und die Yacht wird zu meiner Welt. Dabei spüre ich den Herzschlag meines Rumpfes zwischen meinen Füßen."

Ein Mann und sein Boot

Der Einhandsegler ist sich sehr genau bewusst darüber, inwieweit er sich auf sein Boot verlassen kann. Gegen Ende seiner Weltumsegelung durch die Roaring Forties war Vito Dumas plötzlich klar: „Ich wusste, dass meine Sicherheit und mein

Universum von diesen wenigen Brettern unter mir abhingen. Der echte Seemann darf solange nicht an sich selbst denken, bis er die Bedürfnisse seines Bootes befriedigt hat." Eine These, die auch 50 Jahre danach nichts an Bedeutung verloren hat. Und so schrieb Mike Golding: „In den 90er-Jahren haben die Yachten einen technischen Stand erreicht, mit dem sie 24 Stunden am Tag – und dies jeden Tag – am äußersten Limit fahren können. Um dies zu erreichen, muss man seinem Boot 100-prozentig vertrauen. Dieses Vertrauen ist auch wichtig, trennt den Einhandsegler doch nur ein Rumpf vom unendlichen Wasser."

Eine schwere Aufgabe

Die Ozeane – vor allem in den höheren Breiten – sind nicht gerade ein Zuckerschlecken, Jeder Einhandsegler ist sich der Härten, denen er sich aussetzt, durchaus bewusst. Die lebendigsten Beschreibungen über die Südmeere stammen von Blyth und Goss. Blyth schrieb: „Die Wirklichkeit war schlimmer als ich es mir vorgestellt hatte. Die Boshaftigkeit und Gehässigkeit der Seen nimmt wahre Ausmaße an." Und Goss meinte: „Es ist diese Größe... wie eine Wildnis – einfach fantastisch." Ein typischer Weltumsegler, so ist Tony Bullimore überzeugt, ist etwa 80 Prozent der Zeit extremen Bedingungen ausgesetzt: „Wenn du einhand mit einem kleinen Boot loslegst und dieses in Einzelteile zerlegt wird – dann hat doch nicht das Meer schuld, oder? Tatsache ist doch, dass man da draußen nichts zu suchen hat. Das Meer wird nicht nett zu dir sein. Wenn es einmal anfängt, riesige Wellen auf dich zu schleudern und meint, dies müsse die ganze Nacht so zugehen, dann wird es die ganze Nacht so zugehen." Und Pete Goss: „Man darf auf dem Wasser nie überheblich werden – es ist solange nicht vorbei, solange die Festmachleinen nicht an Land ausgebracht sind." Joshua Slocum meinte: „Wer sich den Elementen aussetzt – das ist sicher -, hat keine leichte Aufgabe, wenn die See in Rage ist. Man muss sie sehr genau kennen und auch selbst wissen, ob man sie wirklich kennt. Die See wurde nicht dazu geschaffen, dass man auf ihr segelt

Erschöpfung

Der Einhandsegler muss sowohl in der Lage sein, sein Boot unter allen Bedingungen zu beherrschen, als auch für sich selbst zu sorgen. Er muss einen Schlafrhythmus einhalten und unter allen Umständen versuchen, Erschöpfung, die ihn jederzeit überkommen kann, zu vermeiden. Francis Chichester kannte seine Grenzen, als er an seiner ersten Transatlantikregatta teilnahm: „Letzte Nacht habe ich etwas Schreckliches getan – zumindest, wenn man an einer Regatta teilnimmt. Ich habe viele Meilen verschenkt, als ich in der Nacht nicht noch mehr Segel setzte. Aber irgendwie habe ich gestreikt und mich unter die Bettdecke verkrochen.." Auch Knox-Johnston stellte die Frage: „Was für einen Unterschied machen 20 Seemeilen, wenn noch 20.000 vor einem liegen. Ich fühlte mich geistig und körperlich am Ende. Dabei war ich nur eine Woche lang im südlichen Ozean." Seine Müdigkeit bewertete Mike Golding mit den Worten: „Wenn ich müde war, dann habe ich wie in Trance meine Arbeiten verrichtet. Ich bewegte mich sehr langsam und metho-

Mike Golding am Steuer seiner Open-60-Yacht Group 4. Foto Mark Pepper

disch an Deck – meine Gedanken waren dabei ganz woanders." Nur durch das Singen von Liedern konnte Pete Goss das Einhand-Transatlantik-Rennen überstehen: „Um wach zu bleiben, sang ich so hoch wie möglich und marschierte übers Deck. Nur manchmal hielt ich an, um mit geballter Faust gen Himmel mich übers Wetter zu beschweren." Etwas lyrischer dagegen Bernard Moitessier: „Ich fühlte mich unendlich müde und trotzdem so, als hätte ich grenzenlose Energie im Körper, mit der ich die ganze Welt halten und ihr alles verzeihen könnte."

Einhandsegler müssen sehr genau wissen, wie Körper und Geist funktionieren, damit sie sich selbst helfen können anstatt unter Schlafmangel zu leiden. In der Regel teilen sie ihre Reise in kleine Häppchen ein, ist ihnen doch bewusst, dass es psychologisch klüger ist, wenn die bevorstehende Aufgabe überschaubar ist. Dabei wissen sie auch um die drohende Gefahr einer Verletzung und der Pflicht, alles nur Denkbare zur Selbsterhaltung zu unternehmen, was auch Chichester betonte: „Ich habe es nicht eilig. Zur Zeit mache ich nur das, was unbedingt gemacht werden muss. Ich möchte mich von meinem Körper erholen und das dauert seine Zeit." Eine Ansicht, die Mike Golding wie folgt erwiderte: „Ich bin sehr vorsichtig geworden. Ich würde lieber zusehen, wie ein Segel im Wind flattert oder den falschen Kurs einschlagen, ehe ich ein Risiko für mich eingehe oder Gefahr laufe, mich zu verletzen.

Seelische Vorbereitung

Einhandsegler entwickeln die erstaunliche Fähigkeit, ihren Geist zu disziplinieren und nach dem Prinzip „erst der Kopf, dann der Rest" zu leben, um bevorstehende Aufgaben meistern zu können. Pete Goss stellt sich vor einem Törn geistig auf ihn ein: „Ich segle den Kurs immer wieder ab und baue dabei vor meinem geistigen Auge ein Bild auf, bis es dreidimensional wird. Es hat dann sogar einen bestimmten Geschmack und verursacht Geräusche. Ich lasse nichts aus. Wenn der Start-schuss fällt, dann nehme ich an etwas teil, was ich eigentlich schon kenne."

Wie erfolgreich die Visualisierungs-Technik ist, wurde bei der Einhand-Regatta Vendée Globe 1996/1997 klar, als Pete Goss und Tony Bullimore gegeneinander antraten. Bullimore kenterte im Südmeer und verbrachte einige Tage eingeschlos-sen im Inneren des Rumpfs der Exide Challenger. In seinem Buch „Gerettet" schreibt Bullimore über seine eigene Methode, sich auf Probleme einzustellen: „Ich verbringe sehr viel Zeit damit, über alles nachzudenken, ehe ich einen Plan in die Tat umsetze – das ist nunmal mein Naturell. Ich denke über alles und jedes nach und berücksichtige dabei jede Möglichkeit." Als er in dem Rumpf um sein Leben kämpfte, suchte er ununterbrochen nach Mitteln, wie er die Kraft aufbringen konnte, nicht aufzugeben. Im selben Rennen wurde Pete Goss nicht etwa zum Op-fer, sondern zum Retter, als er über Funk erfuhr, dass Ralph Dinelli 160 Seemeilen entfernt gekentert war. 160 Seemeilen gegen den Wind unter stürmischen Bedin-gungen. Goss wendete und kämpfte sich bis zu Dinelli durch, den er rettete: „Geis-tig bin ich die Route mehrmals durchgegangen. Die visualisierten Schläge mün-deten schließlich in einer erfolgreichen Rettung."

Extreme emotionaler Erfahrung

Unabhängig von der Fähigkeit, den eigenen Geist zu trainieren, machten viele Segler die Erfahrung, dass die seelischen Parameter sich während einer Überfahrt verschieben. Die Verhaltensweisen an Land, die von den Mitmenschen geprägt sind, machen der Möglichkeit Platz, bis an die geistigen Grenzen zu gehen und Ge-fühle einer Zerreißprobe auszusetzen.

Emotionaler Hexenkessel

„Für mich war das Rennen eine Mischung aus Frustration, Angst, leiser Zurück-haltung und intensiver Hochstimmung. Was einen Einhand-Langtörn von allen anderen Unternehmungen unterscheidet, ist die Fähigkeit, sich einer extremen Gefühlssituation zu stellen." So kommentierte Nigel Rowe seine Teilnahme an der BOC Challenge 1994/1995. Bernard Moitessier sprach in diesem Zusammenhang über seine freiwillig verlängerte Reise: „Ich hätte nie gedacht, dass es möglich sein könnte, auch nach fünf Monaten in diesem geschlossenen System sowohl körper-lich als auch geistig erfüllt zu sein." Und Chichester ergänzt: „Meine Empfindun-gen waren alle intensiv: Erregung, Angst, Freude, Stolz – alles war irgendwie prä-ziser." Pete Goss beschrieb die Auswirkungen der Vendée Globe auf die Konzentration: „Es war, als ob man viereinhalb Jahre in einen Zeitraum von vier-einhalb Monaten gepresst hätte. Die Höhepunkte waren Spitze, die Tiefen nieder-schmetternd."

Es gibt keinen Zweifel, dass Einhandsegler auf See einer erheblich breiteren Ge-fühlspalette ausgesetzt sind. Die Stimmungen schwanken und die Verhaltenswei-sen, die ja häufig im Logbuch festgehalten werden, haben auch die eine oder andere Überaschung parat. Nigel Rowes kommentiert einen Vorfall, bei dem er sich beruhigen musste, so: „Ich stand im Cockpit und schrie, ehe ich in einer Ecke kollabierte und dabei weinte und lachte. Ich glaubte: noch mehr derartige Exzesse, und ich werde verrückt." Phasen der Freude wechseln sich mit Einsamkeit, Frust und Angst ab – alles Gefühle, die im Inventar des Einhandseglers vorkommen.

Auf der guten Seite

Über die geäußerte Kritik, er sei verrückt, am ersten Transatlantikrennen teilzunehmen, schrieb Chichester: „Was kümmerts mich. Ich habe so viele Jahre nichts genießen können." Und in Blyths Buch „Impossible Voyage", das jene Weltumsegelung gegen die vorherrschenden Winde und Strömungen beschreibt, ist von Momenten der Freude zu lesen: „Heute fühle ich mich rundum zufrieden mit meinem ganzen Leben. Dieses Gefühl hat man nur manchmal, aber heute ist so ein Tag. Es ist ein gutes Gefühl von umfassender Seligkeit." Auch Tony Bullimore erinnert sich an gute Zeiten in einer Lebensphase, in der er andere Prioritäten setzte: „Es ist einer jener seltenen Tage, wenn alles zusammenkommt. Dein Boot und du selbst verschmelzen zu einer seltsamen Einheit. Du sitzt am Ruder und atmest die Größe und Stille des Raumes ein." Pete Goss meint: „Was kann es Schöneres geben, als am Bug deines Bootes zu stehen, das deine Erfüllung ist, während es seine Bahnen zieht? Ich fühle mich so lebendig – mit einem unverdorbenen Horizont vor Augen und der Musik in den Ohren, wie das Wasser am Rumpf entlang gleitet."

Einsamkeit

Viele Einhandsegler sind von Natur aus Einzelgänger, die sich am besten fühlen und am leistungsfähigsten sind, wenn sie alleine sind. Für Slocum war es allerdings wichtig, selbst bei größtem Sturm einer Beschäftigung nachzugehen, um nicht über die Einsamkeit nachdenken zu müssen. Andere Einhandsegler empfanden die wirkliche Einsamkeit weniger als Belastung.

Francis Chichester verglich das Alleinsein auf dem Atlantik mit einer „warmherzigen, freundlichen Feier", die nichts mit jener Einsamkeit zu tun hatte, die er in frühen Jahren in Neuseeland empfunden hatte. Auch Alec Rose kommentierte den Unterschied zwischen „Alleinsein" und „Einsamkeit", indem er unterstellte, man sei in großen Städten einsamer als auf dem Ozean. Knox-Johnston, dem die Einsamkeit zu Beginn seiner Nonstop-Weltumsegelung zu schaffen machte, teilt die Einhandsegler in zwei Kategorien ein: „Es gibt nicht viele Menschen, die von Natur aus Einhandsegler sind. Viele Leute tun es, weil sie glauben, es tun zu müssen. Ich bin sehr gerne auf mich selbst gestellt, was nicht bedeutet, dass ich auf Gesellschaft verzichten möchte. Doch kann ich allein in ein Boot steigen und wettkampfmäßig mitsegeln, während es sicher die Typen gibt, die allein nicht wirklich Leistung bringen können. Sie brauchen jemanden, der sie stimuliert."

Ärger und Frustration

„Es ist unerklärlich", schrieb Francis Chichester in einer ruhigen Phase eines

Transatlantik-Rennens, „da sitze ich hier und kaue sozusagen frustriert an den Fingernägeln meiner Psyche. Schon jetzt denke ich mit Grauen an die Rückkehr in das Alltagsleben, wenn all dies nur noch eine Spritztour gewesen ist, und ich wünschte, mich diesem schon wieder entziehen zu können." Diese Gedanken sind typisch für Einhandsegler, die im Zwiespalt zwischen ihrem zivilisierten Leben und dem quälenden Warten während einer langen Reise stehen, die nicht voranschreitet. Eindrucksvoll beschrieb Nigel Rowe die zerstörerischen Auswirkungen des Daseins in der Flaute: „Am Nachmittag stand ich im Cockpit, streckte die Fäuste in die Luft und schrie so laut ich konnte: GIIIB MIIIR MEEEEEHR WIIIIND! Ich stampfte mit den Füßen und fing gleich wieder von vorne an." Knox-Johnston war sich seiner Gefühle ebenfalls sehr bewusst: „Es ist genau so, als wäre ich auf mich allein gestellt... Ich bin kein Mensch, der widrige Umstände leise hinnimmt. Meine Stimmung im Moment ist mörderisch."

Angst

Eines der stärksten Gefühle, denen Einhandsegler ausgesetzt sind, ist Angst. Diese Tatsache ist sowohl bei Regattaseglern als auch bei denen festzustellen, die schwierige Reisen unternehmen. Die Südmeere und insbesondere Kap Horn haben Generationen von Seglern Furcht eingeflößt: „Die beängstigende Realität dessen, was vor mir liegt, übersteigt alles, was ich in meinem Leben als Segler bisher mitgemacht habe." Dies schrieb Vito Dumas, als er sich in den Roaring Forties befand. Blyth gab zu, erstmals in seinem Leben „wirklich und tiefgreifend verängstigt" zu sein, als er in einen Sturm bei Kap Horn geriet. Einige Segler nehmen auch ihr „Päckchen Angst" als Teil der Aufgabe an. Nigel Rowe empfand während seiner BOC Challenge eine seltsame emotionale Erstarrung und war wie erleichtert, als dieses beklemmende Gefühl nachließ: „Schließlich spürte ich wieder die Nervenenden meiner Gefühle. Plötzlich konnte ich wieder Emotionen zeigen. Merkwürdigerweise empfand ich dies als willkommene Entwicklung. Allerdings wäre es auch schrecklich gewesen, wenn man nach all den Erfahrungen, die man durchlebte, nie nackte Angst hätte empfinden müssen." Für Josh Hall war es auch ein Grund, an dem Rennen teilzunehmen: „Ich bin hier draußen, weil ich wissen will, wie weit ich gehen kann. Ich glaube, wir sind alle dazu bestimmt, manchmal bis an die Grenzen vorzustoßen."

„Leben im Grenzbereich" – dies versorgt den Sportler mit dem letzten Kick an Adrenalin, das ihn zu Höchstleistungen antreibt. Mark Garside wäre bei der Around Alone fast an Andrenalin-Mangel gescheitert. Mit Einsatz und Zielstrebigkeit hatte er sein neues Boot vorbereitet, um allein den Atlantik zu überqueren. Doch schon wenige Meilen abseits der Küste war er so verängstigt, dass er die „Adrenalin-Zufuhr" aufdrehen musste: „Jeder hat seine natürliche Angstschwelle", meinte er, „aber je älter man wird, desto ängstlicher wird man. Das ist ganz normal. Ich versuchte herauszufinden, warum ich plötzlich so verängstigt war. Ich sagte mir – du kannst nur sterben: Aber ich wollte nicht sterben!" Nach der Rückkehr nach England litt er unter Adrenalin-Entzugserscheinungen und fühlte sich ununterbrochen krank. Er versuchte es mit Beta-Blockern: „Dies half mir sehr, doch ich fand es irgendwie absurd, ein Medikament zu nehmen, das in die Persönlichkeit eines Menschen eingreift." Wie aus heiterem Himmel setzte er es ab und konsultierte einen Therapeuten, der ihm beibrachte, wie man sich selbst hypnotisiert: „Alles ist nur eine Frage der Entspannung. Wenn du dich körperlich nicht wohl fühlst, musst du laufen und Gewichtstraining machen. Und wenn man mental Schwierigkeiten hast, dann musst du Mittel und Wege finden, da raus zu kommen." Garside überwand die zerstörerischen Auswirkungen seiner Angst und konnte erfolgreich an der nächsten Around Alone teilnehmen.

Mike Garside nach dem Around Alone Race 1998-1999. Foto: Mike Garside

Im tieferen Sinne

Nachdenken, nachdenken und nochmals nachdenken

Angesichts der übermäßigen Zeit, die sie zur Verfügung haben, neigen Einhandsegler dazu, in sich gekehrt zu sein und dabei die Prioritäten und Werte ihres Lebens zu überprüfen und neu zu bewerten. Obwohl Bernard Moitessier die Golden Globe Challenge vor Robin Knox-Johnston anführte, entschied er für sich, dass er sich dem Druck nicht aussetzen wollte, die Weltumsegelung zu beenden: „Rund um die Welt ist irgendwie weiter als bis zum Ende der Welt. Mit dem Leben ist es auch nicht anders. Wenn du das Gefühl hast, dass dein Kopf zu schwimmen beginnt, dann ist Angst nicht mehr weit." Um sich selbst treu zu bleiben, verzichtete Moitessier auf die Möglichkeit, das Rennen zu gewinnen und setzte seine Reise fort. Zum zweiten Mal in Folge nahm er Kurs auf das Kap der Guten Hoffnung, um letztlich Tahiti im Pazifik anzusteuern.

Ganz im Gegensatz dazu versuchte Mike Golding, nicht zu viel Zeit mit nach innen gekehrten Gedanken zu verbringen. Er konzentrierte lieber seine Energie auf höhere Bootsgeschwindigkeit, anstatt an den „Riffen der Seele" zu scheitern: „Je mehr man sich damit beschäftigt, desto faszinierender wurde das Segeln im Sinne eines Schachspiels, bei dem die Spieler unterschiedliche Strategien verfolgen." Als Tony Bullimore dem Tod ins Auge blickte, beschloss er für sich selbst, das Sterben mindestens noch einen weiteren Tag zu verschieben. Auch Nigel Rowe sprach in diesem Zusammenhang von einem Schutzmechanismus, der in der Lage ist, die Gefühle zu ordnen und der dafür sorgte, dass man die Ozeanpassage überstand:

„Die Entwicklung meiner Gefühle auf diesem höchst gefährlichen Ozean versetzten meinen Kopf in eine merkwürdige Lage. Es war, als würden alle Extreme – ob gut oder schlecht – irgendwie abgefedert. Der Teil meiner Psyche, der für Erregung oder Angst verantwortlich ist, war irgendwie abgestellt."

Gibt es da irgend jemanden?

Die Fähigkeit, über das rein Materielle nachzudenken, zeichnet viele Einhandsegler aus. In den Roaring Forties kommentierte Francis Chichester: „Es gibt noch eine Sache, die ich sehr schwer beschreiben, ja in Worte fassen kann. Es geht um die spirituelle Einsamkeit auf diesem abgelegenen Flecken Erde... Mir scheint, als habe der Nordatlantik dagegen eine spirituelle Atmosphäre, so als ob man mit den Männern, die hier segelten und starben, in Verbindung träte. In den südlichen Ozeanen herrscht dagegen eine große Leere." Mit beeindruckender Ehrlichkeit schrieb auch Knox-Johnston über seine Sicht der spirituellen Dinge: „Wenn alles getan wurde, was man tun kann, dann muss man schließlich nur noch einer höheren Macht vertrauen.... Der Gedanke ist sehr beruhigend, zu wissen, dass da jemand ist, der einen beschützt. Mit diesem Glauben im Hintergrund hatte ich auf der gesamten Reise niemals das Gefühl, dass ich ganz allein war. Ich glaube, es wäre unmenschlich und selbstgefällig zu hoffen, eine derartige Reise ohne Vertrauen in Gott durchführen zu können."

Auch Blyth suchte bei seiner Weltumseglung in Richtung Westen Schutz im Gebet, was ihn seiner Familie näher brachte und ihn geistig regenerierte. In einem Kommentar, geschrieben in harten Zeiten, heißt es: „Niemand wird angesichts dieser Situationen behaupten können, es gebe keinen Gott. Einem Atheisten kann ich nur sagen ‚Geh' ein paar Wochen lang Einhandsegeln'." In der heutigen Zeit, da der geistige Ansatz nicht mehr allgegenwärtig ist, sind Segler eine Ausnahme, denn sie wissen um die gewaltige Macht und Größe der Naturelemente. Pete Goss hat diesbezüglich eine ganz praktische Einstellung: „Ich gehe nicht in die Kirche, und ich weiß auch nicht, wie man betet. Aber sollte mein Boot untergehen, dann werde ich als letztes auf die Knie sinken und beten. Und ich würde einen Eimer nehmen und schöpfen..." Bleibt zu erwähnen, dass es für Goss sehr wichtig ist, dass seine Boote irgendwie gesegnet sind.

In Verbindung bleiben

Kommunikation

Bis in die 60er-Jahre waren Kommunikationsmittel an Bord nicht weit verbreitet und man war ihnen gegenüber auch voreingenommen. Frühe Einhandsegler mussten gezwungenermaßen sehr bescheiden sein. Und so waren auch die Regeln, die Blondie Hasler 1957 für das erste Transatlantik-Einhandrennen aufstellte, mehr als strikt. In den Regularien des OSTAR Race von 1960 lesen sich die Vorschriften so: „Das Mitführen von Radiosendern in jedweder Form ist untersagt. Damit soll verhindert werden, dass die Yachten um Hilfe rufen oder ihre Positionen mitteilen.

Dies ist nur mit Sicht- und Tonsignalen gestattet." Chichester hatte zwar ein Funkgerät dabei, hatte es jedoch wegen der Zwänge, die es mit sich brachte, abgestellt: „Ein solches Gerät zerstört die Ernsthaftigkeit eines solchen Abenteuers", meinte er. Er fühlte sich von dem Zwang, Nachrichten abzuliefern, unter Druck gesetzt: „Ich fürchte diese Nächte, in denen ich funken muss und habe Angst, dass mein Enthusiasmus für Dinge nachlässt, die mehr wert sind." Er wollte Kap Horn nach 50 Tagen Einsamkeit im Südmeer unbehelligt umrunden. Ein Journalist befragte ihn später, was er denn gegessen habe, als er Kap Horn umrundet hatte. Erregt antwortete er: „Ich bitte sie, mich ernsthaft zu interviewen. Solche Fragen vergiften die romantischen Schönheiten dieser Reise."

Die Daheimgebliebenen

Ein weiterer Grund, warum viele Einhandsegler Kommunikationsmittel an Bord hassten, war die Tatsache, dass sie ständig Druck ausüben, mit Freunden und Familienangehörigen in Kontakt zu treten. Auch Alec Rose hatte zwar ein Funkgerät mit an Bord, doch fürchtete er ein Versagen der Anlage: „Ich war eigentlich immer gegen die Mitnahme eines Funkgerätes, denn es hat zur Folge, dass sich die Menschen Sorgen machen, wenn man sich nicht meldet." Bernard Moitessier war hin und her gerissen: „Es ist schwer, sich richtig zu entscheiden. Natürlich gibt es das Bedürfnis, die Familie und Freunde zu beruhigen. Für mich ist es allerdings logisch, die Aufgabe allein zu bewältigen, ohne mich mit den Sorgen der anderen zu belasten. Und dann gibt es an anderen Tagen wieder diese innere Stimme, die da sagt ‚du bist allein und doch nicht allein. Die anderen brauchen dich und du brauchst sie. Ohne sie wärst du nirgends, und nichts wäre mehr wahr.'"

Auch Knox-Johnston ist davon überzeugt, dass die Erfordernisse der modernen Kommunikation für den Einhandsegler zugleich Last, aber auch Entspannung sein können: „Eines der größten Erlebnisse meiner Weltumsegelung war, als ich nach zwei Monaten das Gerät wegpackte. Wunderbar! Darüber brauchte ich mir keine Gedanken mehr zu machen." Auch Pete Goss sieht die Segnungen und den Fluch moderner Kommunikationsmittel: „Es ist wirklich fantastisch, aber manchmal ist es auch einfach zuviel des Guten. Mit dem Problem muss man als Einhandsegler fertig werden. Wenn man nicht vorsichtig ist, dann hat man zu viele Kontakte und man verpasst den Absprung, ein echter Einhandsegler zu sein. Im Niemandsland kann dies zur echten Falle werden."

Egoismus

Heutzutage hat das Einhand-Segeln seinen Platz im Profisport eingenommen und viele Segler erfüllen sich damit ihren Traum. Verglichen damit waren die frühen Einhandsegler ein ganz anderer Menschenschlag. Sie experimentierten und folgten ihrer inneren Stimme. Dies bedeutete aber auch, dass sie nicht immer vollends von ihrem Tun überzeugt waren. Knox-Johnston beschrieb dies als egoistisches Moment, bei dem es keine Rolle spielte, „ob es einen wissenschaftlichen Zweck verfolgte." Auch empfand es Blyth als übertrieben egomanisch, wie sehr die Konzentration auf die Vorbereitungen seiner eigenen Weltumsegelung ihn einnahm. Nach der Reise bestätigte er zunächst: „Es ist in der Tat alles sehr selbstsüchtig", um gleich darauf einzuschränken, „wenn das Leben überhaupt irgend etwas bedeuten soll, dann muss man sich selbst verwirklichen können." Der Autor J.R.L. Anderson meinte allerdings in der Einführung zum Buch „The Lonely Sea and the Sky", dass zum Beispiel Chichester keineswegs selbstsüchtig war: „Ganz gleich, welches Projekt er anging, niemals stand ein eigennütziger Gedanke dahinter. Und niemals waren andere gefordert – im Vordergrund standen stets Demut und Überzeugung." Chichesters Leistung für die Gesellschaft bestand darin, „zu beweisen, dass ein Mensch in der Lage sein kann, für sich selbst zu kämpfen."

Wenn alles vorbei ist

Wie steht's mit der geistigen Verfassung?

Die Pioniere unter den Einhandseglern der 60er-Jahre riefen bei den Beobachtern große Neugierde hervor, wollten sie doch wissen, inwieweit die gemachten Erfahrungen sie verändert hätten. So traf Chichester nach seiner Einhandreise über den Atlantik auf einen Offizier der amerikanischen Luftwaffe, der wissen wollte, ob er unerwartete Erfahrungen gemacht und wie er 40 Tage Einsamkeit verkraftet hätte? Chichester meinte nur, dass er selbst nach 90 einsamen Tagen auf dem Weg nach Australien nur den einen Wunsch hatte „froh zu sein und es allen recht zu machen."

Ein Psychiater, der für die britische Zeitung Sunday Mirror schrieb, bescheinigte zum Beispiel auch Knox-Johnston, eine „unverkrampfte Normalität". Er selbst war davon überzeugt, dass seine Gedanken lediglich etwas präziser geworden seien und er länger nachdenke, ehe er eine Entscheidung fälle. Auch Mike Golding gab zu, dass er überhaupt keine Veränderung verspürte, als er sich England näherte und es sicher war, dass er Blyths Rekord eingestellt hatte.

Ansichtssache

Negative Meinungen sind in der Regel sehr viel schneller gefasst als positive. Das galt auch für die Idee, erstmals ein Rennen durch alle Ozeane zu veranstalten. Schon die Ankündigung löste bei den unterschiedlichsten Lobbyisten einen Aufschrei des Entsetzens aus. Von „gefährlich" bis „haarsträubend" lauteten die Kommentare. In Zeitungsartikeln wurde zum Beispiel darüber spekuliert, ob eine Selbststeueranlage den Härten einer Kap-Horn-Umrundung überhaupt gewachsen sei und ob ein Einhandsegler in der Lage sei, ununterbrochen aufmerksam zu sein. Zu diesem Zeitpunkt hatte Chichester bereits die Hälfte seiner Weltumsegelung hinter sich. In einem Artikel wurde sogar die Frage gestellt, ob ein Francis Chichester mit einer so unglaublich kleinen Yacht nicht zu viel von Gott verlange?

Eine Frage, die heutzutage keine Rolle mehr spielt, nicht zuletzt, weil sich die Grundeinstellung verändert hat. Große Yachten werden mittlerweile eigens für Einhand-Regatten konstruiert, um Veranstaltungen wie dem Around Alone und der Vendée Globe gewachsen zu sein. Kentern, Entmasten und andere Unglücke, wie sie 1996/1997 bei der Vendée Globe vorkamen, sorgten dafür, dass man die Sicherheitsmaßnahmen sehr stark diskutierte, auch wenn der „Abenteuergeist" sicher litt. Selbst eine Organisation wie der RYA hat inzwischen seine Meinung revidiert und unterstützt aktiv Einhandsegeln und Veranstaltungen mit kleinen Crews. Was früher als „undenkbar" galt, wird heute mit Interesse verfolgt.

„Wo – um alles in der Welt – bleibt die Poesie der Meere, wenn es keine wilden Wellen gibt?" Diese Frage stellte Joshua Slocum vor über 100 Jahren. Und nach wie vor müssen Einhandsegler sich dieser Wildnis ganz alleine stellen – mit Abenteuergeist, zuverlässigen Booten und mit mutigen Herzen. Mögen sie noch lange erfolgreich sein!

Die letzte Reise und der Tod des Donald Crowhurst: Eine Rekonstruktion

Peter Noble

Es dürfte wohl kaum eine weniger faszinierende Geschichte geben als die des Einhandseglers Donald Crowhurst. Am 10. Juli 1969 um 7.50 Uhr sichtete die Mannschaft des königlichen Postschiffs Picardy auf 33° 11' nördlicher Breite und 40° 28' westlicher Länge einen kleinen Trimaran, der mit schlagenden Segeln und einer Geschwindigkeit von zwei Knoten in der ruhigen nordatlantischen Sargasso-See trieb. Nachdem es keine Reaktionen auf Zeichen gab, stoppte die Picardy, um herauszufinden, was passiert war. Der Trimaran Teignmouth Electron gehörte Donald Crowhurst, doch es war niemand an Bord. Crowhurst war seit dem 31. Oktober des Vorjahres als Teilnehmer an der Golden Globe Challenge unterwegs, einer Einhandregatta rund um die Welt. Nach seinen eigenen Meldungen über Funk hatte er die Brüllenden Vierziger überlebt, hatte Kap Horn umrundet, um jetzt als Sieger des Rennens zurückzukehren. Ruhm und Reichtum hätten ihn, wäre er nicht auf See umgekommen, in England erwartet.

Kapitän Richard Box ließ den leeren Trimaran an Bord der Picardy verholen. Später – nachdem die Journalisten Nicholas Tomalin und Ron Hall Crowhursts Log- und Tagebücher sowie dessen Kassettenaufnahmen studiert hatten – offenbarte sich eine gleichermaßen faszinierende wie mysteriöse Geschichte. Die Geschichte eines Mannes und des Scheiterns einer schlecht vorbereiteten Reise, die Geschichte einer arglistigen Täuschung, die schließlich im Wahn und Tod endete.

Die Golden Globe Challenge

Die Leistungen der Weltumsegler vom Kaliber eines Francis Chichester brachte die britische Zeitung Sunday Times auf die Idee, eine Einhandregatta rund um die Welt auszuschreiben. Bei der ersten Golden Globe Challenge 1968 winkten demjenigen, der dies am schnellsten schaffte, ein Preisgeld von 5000 Pfund. Insgesamt neun Teilnehmer legten in der vorgeschriebenen Frist vom 1. Juni bis 31. Oktober in Europa ab, doch die meisten Teilnehmer erlitten Schäden an ihren Yachten, sodass sie sich aus dem Rennen zurückzogen. Der gefeierte französische Einhandsegler Bernard Moitessier umrundete mit seiner archaischen Joshua als Erster Kap Horn und führte das Feld an. Doch in einem Moment der Erleuchtung und des Triumphs drehte er kurz vor dem Ziel ab, um weiter zu den Brüllenden Vierzigern zu segeln, Kap Horn ein zweites Mal zu umrunden, um schließlich die

Donald Crowhurst beim Stapellauf der Teignmouth Electron am 23. September 1968: „Ich fahre, denn wenn ich bliebe, hätte ich keine Ruhe." Foto: News International

Pazifikinsel Tahiti anzusteuern. Moitessier war davon überzeugt „Eins mit der Natur" geworden zu sein, während seine Frau eine eher prosaische Sicht der Dinge hatte und meinte, die Monate der Einsamkeit hätten seinen Geist der Wirklichkeit entrückt. Nutznießer und Sieger des Rennens wurde der ehemalige Offizier zur See Robin Knox-Johnston auf seiner hölzernen Ketsch Suhaili. Knox-Johnston war letzten Endes der einzige Teilnehmer, der die Aufgabe bewältigte.

Donald Crowhurst war 36 Jahre alt, verheiratet und lebte mit vier Kindern in Bridgewater in Somerset. Hinter der heilen Fassade gab es durchaus Hinweise auf labile Umstände in seinem Leben. So litt seine verwitwete Mutter unter geistiger Verwirrung, hatte mehrfach Selbstmordversuche unternommen und einen Großteil ihres Lebens in psychiatrischen Anstalten verbracht. Als Junge glänzte Crowhurst durchaus mit technischem Verständnis und seiner Leidenschaft für Autos. Später diente er als Offizier der Luftwaffe, musste aber wegen verschiedener Eskapaden 1956 den Dienst quittieren. Er versuchte es mit einer Versetzung zur Armee, wurde aber auch hier auffällig. Mehrere Autounfälle, Fahren ohne Versicherung sowie der Versuch eines Autodiebstahls im betrunkenen Zustand beendeten seine Offizierskarriere. Nach einigen kurzen Jobs gründete er seine eigene Firma, die sich auf Funkanlagen für Segler spezialisiert hatte.

Crowhurst galt als ehrgeizig und gewinnend, doch fehlte es ihm an Standhaftig- und Zuverlässigkeit, um wirklich Erfolg zu haben. Als er an den Start zu Golden Globe Challenge ging, befand sich seine Firma in chronischen finanziellen Schwierigkeiten und er war davon überzeugt, dass ein Sieg ihm die nötige Publicity sowie den kommerziellen Erfolg bringen würde. Im Laufe der Jahre äußerten sich einige seiner Freunde über Crowhurts Charakter. Sie beschrieben ihn als begeisterungsfähig und zuversichtlich, aber auch als unzuverlässig. Allzu sehr versuchte er, seiner Umwelt zu imponieren. In einem Zitat über ihn heißt es: „Donald ist niemand, mit dem man Geschäfte machen sollte." Seine seglerischen Erfahrungen hielten sich in Grenzen. Er war Wochenendsegler ohne die geringste Erfahrung als Blauwassersegler.

Crowhursts Rennvorbereitung

Ursprünglich wollte Crowhurst – allerdings vergeblich – Chichesters Gipsy Moth für das Rennen „ausleihen", die zu diesem Zeitpunkt einem Lord Dulverton gehörte. Mehrere Anläufe, Sponsorengelder zu sammeln, scheiterten, bis er im letzten Moment einen Geschäftsmann und das Seebad Teignmouth von seinem Vorhaben überzeugte. Dennoch war Crowhurst knapp bei Kasse und musste einmal mehr seine eigene Firma beleihen. Endergebnis jedenfalls war, dass er die Teignmouth Electron erwerben konnte. Zu diesem Zeitpunkt blieben ihm nur noch drei Monate, um rechtzeitig vor dem Ablauf der Startfrist am 31. Oktober lossegeln zu können. Drei Monate für den Ausbau, die Ausstattung und Verproviantierung. Seine Yacht, eine modifizierte Version der 41 Fuß Victress-Trimaran-Klasse, taufte er auf den Namen seiner Sponsoren.

Schon die Wahl des kleinen Trimarans war angesichts des schwierigen Törns mehr als tollkühn. Trimarane neigen leider bei starken Winden und rauer See zum Kentern. Die Route führte durch die Südmeere, in denen gewaltige Seen und Stürme unausweichlich sind. Um diesem Risiko zu begegnen, hatte Crowhurst eine ganze Reihe elektronischer Spielereien erfunden, unter anderem eine aufblasbare Boje, die im Masttopp eine 180° Kenterung verhindern sollte. Allerdings war keine seiner Erfindungen so installiert, das sie auch funktionierten, und so lief die Teignmouth Electron grauenhaft unvorbereitet aus. So waren zum Beispiel die Lukendeckel undicht und Reparaturmaterial war erst gar nicht an Bord. Einen Schlauch für die Bilgepumpe – die ohnehin nicht funktionierte – hatte er vergessen. Immerhin hatte Crowhurst ausreichend Wasser, Treibstoff und Lebensmittel gebunkert, war mit Karten, Funkgeräten und Navigationsinstrumenten gut ausgestattet.

Die Reise

Er verließ Teignmouth am 31. Oktober und machte nur wenig Fahrt Richtung Süden. Dies konnte auch nicht weiter überraschen, hatte er doch keinerlei Blauwasser-Regattaerfahrung und seine Yacht war denkbar schlecht vorbereitet. In der Logbucheintragung des 15. Novembers findet sich eine neunseitige und offensichtlich realistische Zusammenfassung all seiner Schwierigkeiten: Von Lecks, die von Hand ausgeschöpft werden mussten, ist die Rede, von fehlerhafter Sicherheitsausrüstung und – für eine erfolgreiche Fahrt entscheidend – eine mangelhaft

Crowhurst an Bord der Teignmouth Electron kurz vor seinem Start am 31. Oktober 1968. Der Trimaran war alles andere als vorbereitet. So waren u. a. die Fallen vertörnt und die Vorsegel falsch angeschlagen.
Foto: News International

funktionierende Selbststeuerungsanlage, die nicht richtig befestigt war. Crowhurst hatte allerdings auch nicht vor, den Schaden zu reparieren, der in den Südmeeren garantiert noch schwerwiegender geworden wäre. Statt dessen war er depressiv und unentschlossen. Er selbst schreibt: „Ich bin von dem Bewusstsein zerfressen, ob ich mich der derzeitigen Situation stellen will oder nicht." Seine Notiz zeigt, dass er die Aussichtslosigkeit eines Sieges sehr wohl realisierte und dass er sein Leben in Gefahr brachte, wenn er tatsächlich in die Südmeere vorstieß.

Bis zum 15. November hatte er es gerade mal bis vor die Küste Portugals geschafft. Mehrfach sprach er davon, das Rennen aufzugeben, schreckte aber davor zurück, weil er seine Familie und Sponsoren nicht enttäuschen wollte. Ein Scheitern hätte auch unweigerlich seinen Bankrott bedeutet, hatte er doch seine eigene Firma beliehen. Verschiedene Möglichkeiten zog er in Betracht, unter anderem die Rückkehr nach Europa oder Weitersegeln nach Madeira, den USA oder Kapstadt. Er war unentschlossen und offensichtlich auch in Panik. Sein wirklichkeitsfremder und unzuverlässiger Charakter ließ jede Möglichkeit zu. In den Funksprüchen mit Sponsoren und der Familie verschwieg er die Schwierigkeiten. Immer vager und optimistischer wurden die Meldungen, und ab dem 6. Dezember gab er falsche Fortschritte vor und behauptete sogar, ein Rekordetmal geschafft zu haben.

Seit diesem Zeitpunkt führte Crowhurst zwei Logbücher seiner Reise. Daraus lässt sich schließen, dass er bereits am 6. Dezember den Entschluss gefasst hatte, die Öffentlichkeit zu täuschen. Im „echten" Logbuch waren seine tatsächlichen Positionen verzeichnet. Es zeigt auch, dass er sich stets im Südatlantik befand. Im „gefälschten" Logbuch indes standen Positionen, die den Eindruck hinterließen, er habe die Südmeere durchsegelt und Kap Horn umrundet, ehe er wieder in den Atlantik zurückkehrte. Das „gefälschte" und „echte" Logbuch konnten erst am 4. Mai des folgenden Jahres zusammengeführt werden, als er seine tatsächlichen Positionen durchgeben konnte und er sich als potentieller „Sieger" wieder auf dem Weg in Richtung Europa befand. Das Täuschungsmanöver war eigentlich einfach und mit einem Langstreckenläufer vergleichbar, der über ein Feld abkürzt, sich versteckt, um dann als Sieger zu erscheinen. Während sich die anderen Teilnehmer durch die Südmeere kämpften, „versteckte" sich Crowhurst im Südatlantik. Seine tatsächliche Reise und auch das Täuschungsmanöver sind in vieler Hinsicht bemerkenswert.

Um Crowhursts Betrug überhaupt verstehen zu können, muss man die Strategien der anderen Weltumsegler analysieren. Ein Segelboot kann natürlich nicht den kürzesten Weg einschlagen, sondern es richtet sich nach den vorherrschenden Windrichtungen. Dieser Kurs führt zunächst südwestlich in Richtung Südamerika, um dann scharf südöstlich nach Südafrika abzubiegen. Nach dem Kap der Guten Hoffnung muss ein Weltumsegler durch die Brüllenden Vierziger des südlichen Ozeans, um Kap Horn zu umrunden und schließlich wieder im Atlantik anzukommen. Die Südmeere sind nicht nur stürmisch, sondern auch einsam, weshalb es unwahrscheinlich ist, dass ein Boot in dieser unwirtlichen Gegend gesichtet wird. Nach Kap Horn geht's nordöstlich in den Südatlantik, vorbei an den Falkland Inseln über den Äquator wieder in Richtung europäische Gewässer.

Moderne Yachten, wie die der Teilnehmer am Vendée Globe, sind mit jeder nur denkbaren Technik ausgestattet, unter anderem auch mit Satellitenempfängern und -sendern, mit deren Hilfe der Skipper – und auch die Rennorganisation – die exakte Position jederzeit ermitteln können. Solche Ausrüstung gab es 1968 freilich nicht. Bernard Moitessier verzichtete sogar auf die Mitnahme eines Radios, da er glaubte, es könne gefährlich vom Segeln abhalten. Von den seltenen Begegnungen mit anderen Schiffen abgesehen, hatten die Organisatoren der Golden Globe Challenge keinen unabhängigen Nachweis darüber, wie die Yachten vorankamen. Man verließ sich einfach auf die Positionsmeldungen der Teilnehmer. Wenn Generatoren und Funkgeräte ausfielen, bedeutete dies auch monatelange Funkstille. Crowhurst war Ingenieur genug, um diese Schwierigkeiten zu kennen und daraus die Vorteile bei der Planung seines Täuschungsmanövers zu ziehen.

Crowhursts Täuschungsmanöver

In der Theorie war das Täuschungsmanöver einfach, in der Praxis jedoch schwierig und kompliziert auszuführen. Crowhurst wusste, dass seine Aufzeichnungen nach seiner Rückkehr genau überprüft werden würden. Schon deshalb musste er ausführlich über den Fortgang der Reise schreiben und sogar Tonbandaufnahmen von einem Törn machen, der nie stattfand. Er musste also falsche Positionsberechnungen nachweisen. Normalerweise ermittelt ein Segler seine Position mit Hilfe eines Sextanten, indem man den Winkel zwischen Sonne und Horizont misst und danach zusammen mit Datum und Uhrzeit sowie Berechnungstabellen den Standort ausrechnet. Crowhurst ging umgekehrt vor. Er ging von einer imaginären Position zu einem bestimmten Datum bzw. Zeit aus, um dann mit Hilfe der Tabellen den Wert zu errechnen, der auf dem Sextanten abgelesen worden wäre. Die Informationen über die Wetterverhältnisse auf seiner imaginären Route erhielt er über Radio, sodass er in der Lage war, ein falsches, aber penibles Logbuch zu führen.

Die Aufgabe erforderte Intelligenz, Gechicklichkeit und eine gehörige Portion navigatorisches Wissen. Am Ende seiner Reise wollte er schließlich die echten Aufzeichnungen vernichten und die gefälschten als Beweis seiner Weltumseglung präsentieren. In dem Moment, als er vorgab in den Südmeeren zu sein, war er Gefangener seiner eigenen Lüge. Es gab auch keine plausible Möglichkeit mehr, aus diesem Dilemma herauszukommen, wollte er seinen Betrug nicht zugeben. Das Täuschungsmanöver wurde zum verzweifelten Glücksspiel, das zum Scheitern verurteilt war. Allein dies muss auf ihn sehr viel Stress ausgeübt haben. Seine Fortschritte hatten ohne schon Zweifel geweckt, unter anderem bei Sir Francis Chichester. Sehr wahrscheinlich wäre nach seiner Rückkehr nach London alles aufgefallen. Die Publicity war jedenfalls gewaltig und er wusste – er würde entweder als Nationalheld oder als völliger Versager zurückkehren.

Seit Dezember übermittelte Crowhurst Berichte über sein ausgezeichnetes Vorankommen und er gab vor, die Südmeere durchsegelt zu haben. Die Berichte waren stets vage und er vermied, exakte Positionsangaben in Längen- und Breitengrad zu machen. In einem Telefongespräch mit seiner Frau am 24. Dezember erzählte er ihr, dass er sich gerade vor Kapstadt befinde. In Wirklichkeit lag die Teignmouth Electron 20 Seemeilen vor der brasilianischen Küste. Am 19. Januar erzählte er, dass er „wegen Generator-Problemen" aufs Funken verzichten müsse. Es folgten 11 Wochen Funkpause – genau die Zeit, die er „brauchte", die Südmeere zu durchqueren. Am 9. April verschickte er die Mitteilung, er nähere sich Kap Horn, gab aber erneut keine exakte Position durch. Dasselbe am 30. April, als er auf die Falklands zusteuerte.

Crowhursts tatsächliche Leistungen waren indes durchaus bemerkenswert. Trotz seiner Unerfahrenheit und seines schlecht ausgerüsteten Bootes, legte er mehr als 16.000 Seemeilen zurück (seine Route kann am besten auf der Karte nachvollzogen werden). Bis zum März segelte er drei Monate lang abseits der Schifffahrtsrouten auf und ab im Südatlantik. Dies kam zu seiner ohnehin vorhandenen Ziellosigkeit und Desorientierung hinzu. In dieser Zeit nahmen die Schäden und Lecks an der Teignmouth Electron bedenklich zu. Da Crowhurst über keinerlei Reparaturmaterial verfügte, entschied er, einen südamerikanischen Hafen anzulaufen. Es muss eine verzweifelte Situation gewesen sein, riskierte er doch, bei einem Landgang erkannt zu werden. Um möglichst unauffällig zu bleiben, entschied er sich für Rio Salado, einen kleinen argentischen Hafen am River Plate. Am 6. März legte er an, reparierte sein Boot und fuhr zwei Tage danach weiter. Ein Einwohner, der ihm half, bezeichnete ihn später als „erregbar und verdächtig", ein anderer aber hielt ihn für „ganz normal". Crowhurst schlug wieder südlichen Kurs in Richtung der Falklands ein, die er auch erreichte, wie man unzweifelhaft in einem Film sehen konnte, den er zu jener Zeit aufnahm. Natürlich ging er bei dieser Gelegenheit nicht an Land. Zu einem anderen Zeitpunkt war er nur 300 Seemeilen von Kap Horn entfernt, doch kehrte er um und segelte langsam und unregelmäßig nordwärts. Über Radio erfuhr er von den Fortschritten der anderen Teilnehmer. Am 4. Mai sprach er von seiner Position vor der Küste Brasiliens, was sogar der Realität entsprach und ihn zum „Führenden" des Rennens machte. Die Resonanz an Land war ekstatisch – ein Heldenempfang in England war ihm sicher.

Geistige Verwirrung

Crowhursts geistigen Zustand habe ich aus seinen Log- und Tagebüchern sowie den Tonbandausschnitten nachverfolgt. Wie wir erleben mussten, begann das Täuschungsmanöver im Dezember, als Crowhurst sich in einem depressiven und unentschiedenen Zustand befand. Er musste erkennen, dass seine Aussichten, das Rennen zu gewinnen, gleich Null waren. Zu diesem Zeitpunkt war er zwar niedergeschlagen, aber er handelte noch rational und berechnend. Seinen Betrug plante er mit größter Sorgfalt. So gibt es Beweise dafür, dass er mehrfach Funksprüche mit falschen Informationen veränderte, ehe er sie absetzte.

Im Mai befand sich Crowhurst immerhin schon sechs Monate auf See, von den zwei Tagen in Rio Salado einmal abgesehen. Er hatte dem Alleinsein, der Er-

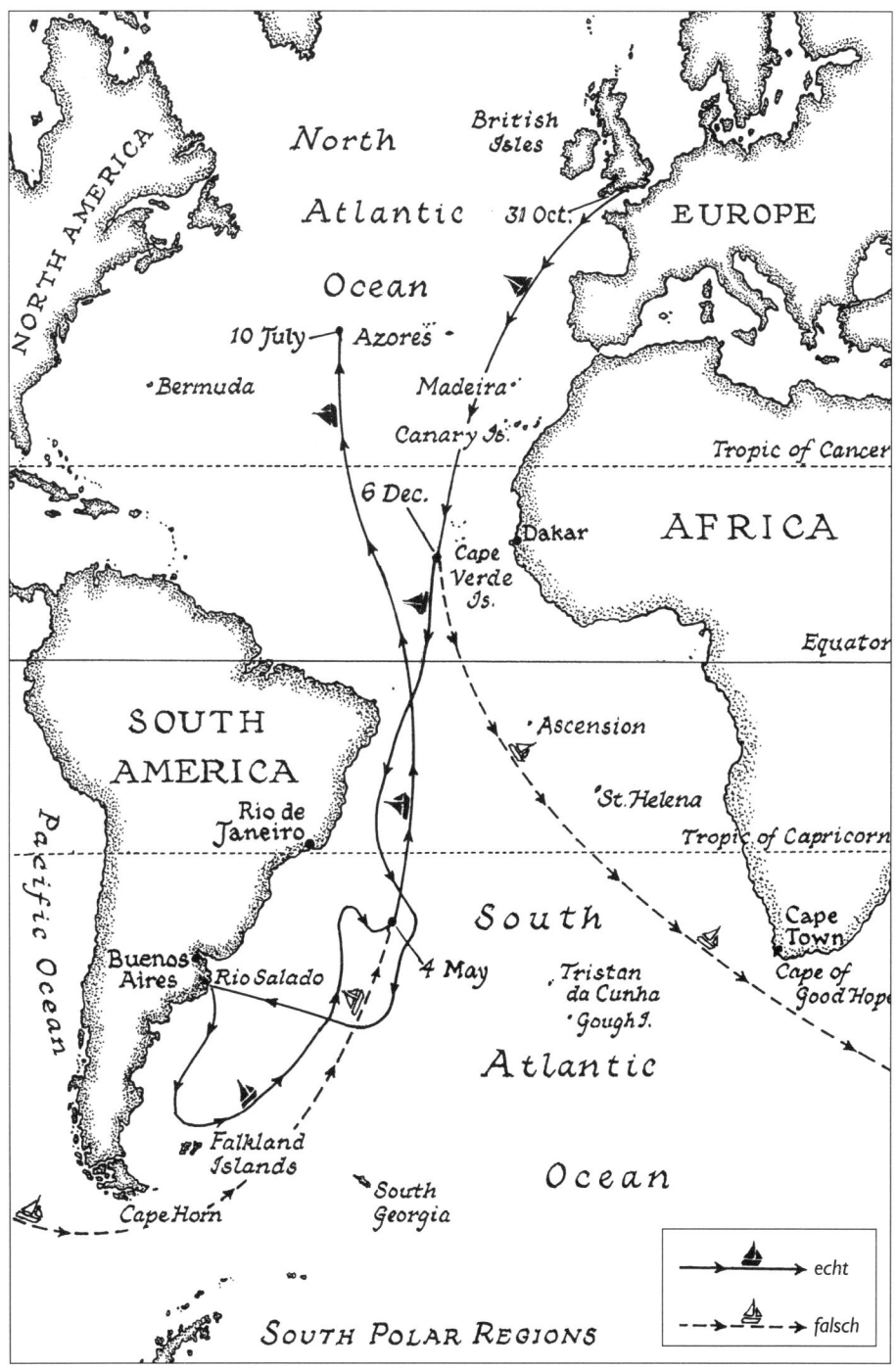

Vergleich der echten und der falschen Route Crowhursts bei der Golden Globe Challenge.

schöpfung, den Anstrengungen und den Gefahren getrotzt. Der Betrug verursachte in ihm Schuldgefühle und Unsicherheit. Im Mai verbrachte er viele vergebliche Stunden mit dem Versuch, sein Funkgerät zu reparieren, um mit seiner Frau sprechen zu können. Was hätte er ihr wohl gesagt, wenn es ihm gelungen wäre? Hätte er den Helden gespielt oder alles zugegeben? Die Tragödie – sie hätte vielleicht vermieden werden können, wenn er in der Lage gewesen wäre, zu gestehen. Stattdessen klangen alle Funksprüche und Nachrichten zuversichtlich und fröhlich; er log und spielte seine Rolle als „heimkehrender Held". Viele Einhandsegler empfinden den Kontakt mit Zuhause und der Familie als moralisch unterstützend. Crowhursts Lüge stürzte ihn trotz der Kontakte in eine selbstverschuldete Isolation.

Die letzte Eintragung in seinem Logbuch – die Mittagsmessungen mit dem Sextanten – stammt vom 23. Juni. Ab dem 24. Juni, der Sommersonnenwende, war Crowhurst offensichtlich geistesgestört. Im Laufe der folgenden Woche schrieb er in einem Ausbruch von Überaktivität einen 23000 Worte langen Bericht, in dem er seine wirren Gedanken und Thesen erörterte. Die Texte beinhalten philosophische Spekulationen über Gott, die Zeit und die Ewigkeit. Seine Stimmung ist zeitweise ruhig und ausgeglichen: „Ich fühle mich merkwürdig friedlich." Und dann wieder bombastisch und übertrieben, ja völlig ohne Zusammenhang. Teilweise ist der Text mit Botschaften in Versalien durchsetzt.

„Das System besteht daraus, dass MAN DIE BOTSCHAFT MIT SCHRILLER STIMME ÜBERMITTELN MUSS und warum hört niemand zu, ich höre ja auch zu..."

Er ist auch felsenfest von seinem wissenschaftlichen Können und seiner Wichtigkeit überzeugt.

„Mathematiker und Ingenieure, die der Systemanalyse mächtig sind, werden innerhalb einer Stunde von meinem Werk profitieren. Danach werden die Probleme, die die Menschheit seit Tausenden von Jahren beschäftigen, für immer gelöst sein. Aspekte, die ich nicht weiter erwähnen will, werden sich erledigen und die Kämpfe des Menschen über das Verständnis der Kräfte zwischen Gott, der Menschheit und dem physikalischen Universum werden für immer beendet sein."

Am dritten Tag dieses Berichts war Crowhurst der Auffassung, das Geheimnis des Universums gelüftet zu haben.

„Binnen drei Tagen war das Werk vollbracht! Christus ist so sicher unter uns, als ob er Schecks unterschreiben würde... Ich war entschlossen, das Problem zu lösen und wenn es den Rest meines Lebens dauern würde. Aber schon eine halbe Stunde später wusste ich, wie die Lösung aussehen musste. Und nach drei Tagen verstand ich alles über die Natur, mich selbst, über alle Religionen, die Politik, den Atheismus, den Agnostizismus, den Kommunismus, die Systeme. Ich wusste alles von Julius Cäsar bis zu Mao Tse Tung. Ich hatte alle Antworten auf die schwersten Fragen, die die Menschheit je beschäftigen."

Seine Erörterungen über die „Geheimnisse des Universums" wurden nur von bombastischem Wortschwulst sowie Wortspielen und Witzchen unterbrochen. Manches allerdings entbehrte jeden Zusammenhangs, wenn er zum Beispiel schrieb: „Die Rache Gottes ist mein. Geburtenkontrolle..."

Am 25. Juni um 17.00 Uhr kreuzte die Teignmouth Electron den Kurs des norwegischen Frachters Cuyahoga. Crowhurst winkte fröhlich und die Crew notierte, dass er sich „wohl in guter Verfassung" befinde. Nach wie vor war er in der Lage, sein Funkgerät zu bedienen und er verschickte joviale Funksprüche. Über einen Radiosender erfuhr er, dass seine Frau und Familie vorhatten, ihn auf den Scilly Inseln zu treffen. Dies allerdings peinigte ihn und er versuchte, sie davon abzubringen. Vielleicht hatte er zu diesem Zeitpunkt schon Vorahnungen über ein Treffen der anderen Art. Tatsache ist, dass er nichts über seine Lüge schrieb, doch gibt es Hinweise auf die Sünde und deren Geheimhaltung. Zeitweise haben seine Texte die äußere Form eines Gedichts.

Die Natur verbietet
dass Gott irgendwelche Sünden begeht
nur eine –
und das ist die Sünde der Geheimhaltung
Der Außenseiter ist vom System ausgeschlossen –
die Freiheit, das System zu verlassen
Die Wahrheit kommt an den Tag
Art, Ziel und Kraft des Spiels vergeben
Ich bin, was ich bin und ich
sehe die Natur als meine Vergebung
Ich werde nur dann aufgeben, wenn du
beim nächsten Mal zustimmst, dass dieses
Spiel nach den Regeln gespielt wird
wie mein großer Gott, der sich seinem Sohn
schließlich offenbarte
nicht nur wegen der genauen Art und Weise
warum Spiele gespielt werden
sondern auch weil er die Wahrheit darüber offenbarte
wie das nächste Spiel enden muss
das beendet ist –
Es ist beendet
Es ist Barmherzigkeit

Mehr und mehr beschäftigte Crowhurst sich mit der Zeit und er fügte sie ununterbrochen in seinen Bericht ein. Sein letzter Eintrag vom 1. Juli lautet:

11 15 00.
Es ist das Ende
Meines Spiels
Die Wahrheit hat sich offenbart und es wird
geschehen weil meine Familie es von mir erwartet
11 17 00
Es ist Zeit
dein Handeln zu beginnen
Ich muss das Spiel nicht weiter verlängern
Es war ein gutes Spiel das nun enden muss...
Ich werde dieses Spiel spielen
Und wenn ich will aufgeben, wann immer ich es möchte
11 20 40
Es gibt keinen Grund der Trauer

Er schrieb, als ob er mit Gott redete und er eine Art apokalyptisches Spiel mit ihm spielte. Letzteres erreichte seinen Höhepunkt mit den Worten: „Es ist zu Ende. Es ist Barmherzigkeit." Crowhurst hatte keine Kraft mehr, das Spiel fortzusetzen: „Es war ein gutes Spiel, das nun enden muss."

Ziemlich genau um 11.20 Uhr des 1. Juli sprang Crowhurst von der Teignmouth Electron in die ruhige Sargassosee. Neun Tage später wurde die Teignmouth Electron von Richard Bell, Kapitän auf der Picardy, geborgen. Sowohl Rettungsinsel als auch -weste befanden sich immer noch an Bord. Aber er hatte den Chronometer mitgenommen.

Psychologische Analyse

Welche psychiatrischen und psychologischen Erklärungen können für Crowhursts Verhalten und Motive gegeben werden? Die Ursprünge des Täuschungsmanövers finden sich in seinem Charakter und den persönlichen Hintergründen. Trotz vieler Talente war seine Geschichte eine Aneinanderreihung von Schwäche und Unzuverlässigkeit. Beschrieben wurde er ja als Mann, „mit dem man keine Geschäfte machen sollte". Dennoch konnte er überzeugen und sogar Situationen überstehen, die jenseits seiner Fähigkeiten lagen. Wie wir wissen, schenkte man ihm sowohl in der Armee als auch bei der Luftwaffe Vertrauen, entließ ihn aber jedesmal. Zweifellos war er auch charismatisch, und die Tatsache, dass er ein Boot erwerben und Sponsoren überzeugen konnte, zwangen ihn zu Versprechungen, die er nicht einhalten konnte. Er setzte auf eine „Mission impossible", konnte aber nur durch eine Lüge das Spiel fortsetzen, anstatt dem Versagen und auch dem Bankrott ins Auge zu blicken. Es ist unmöglich, eine auf die Psychiatrie gestützte Entschuldigung für das Täuschungsmanöver auszustellen. Grundsätzlich hatte er gute Erfolgsaussichten, doch mangelte es ihm an Selbstdisziplin und an der Fähigkeit, Dinge zu planen und fertigzustellen. Dies war die Wurzel seines Problems als Geschäftsmann und als Segler.

Mit fortschreitender Dauer des Täuschungsmanövers segelte Crowhurst schon fast sieben Monate lang allein in der Einsamkeit des Südatlantiks. Und wie wir bereits im letzten Kapitel erfahren haben, gibt es eine ganze Reihe von Stressfaktoren, die auf Einhandsegler einwirken. Normalerweise sorgen Selbstvertrauen und der Glaube daran, ein Abenteuer zu überstehen, dafür, dass der Stress ausgeglichen wird. Bei Crowhurst war dies nicht der Fall. Es gab ja bei ihm keine „Freude am Segeln", die ihn hätte unterstützen können. Er wusste, dass er log und er riskierte, als Versager abgestempelt zu werden. Erschwerend trug er die Bürde seiner Schuld und es überrascht daher nicht, dass er unter Ängsten und Depressionen litt.

Ende Juni summierten sich alle möglichen Gründe für einen Nervenzusammenbruch. Seine Aufzeichnungen lassen deutlich eine Bewusstseinsveränderung erkennen, die genau am 24. Juni – also wenige Tage vor seinem Tod – begann. Es ist der erste Hinweis auf eine schwerwiegende Geisteskrankheit. Seine Wortergüsse sind ein typisches Symptom. Wahnsinn ist letztlich die Kehrseite einer schweren Depression, und die beiden Krankheiten gehen auch Hand in Hand. Wahnsinn wird bei dafür empfänglichen Menschen letztlich durch Stress ausgelöst. Beweis dafür ist, dass die charakteristischen Symptome bei Crowhurst bestanden. Diese äußern sich zum Beipiel durch plötzliches Auftreten von Überaktivität, Heiterkeit, Erregung, schnelles Reden oder Schreiben sowie übermäßiges Selbstvertrauen, das letztlich in Selbsttäuschung endet. Im Wahn geraten die persönlichen Lebensumstände in eine Schräglage und Depressionen schlummern nicht weit von der Oberfläche. Crowhurst brachte 23.000 Worte innerhalb einer Woche zu Papier – das ist etwa so viel wie in diesem Buch, für das ich mehrere Monate benötigte. Er kann unmöglich viel Zeit für Schlaf übrig gehabt haben – und charakteristisch für Wahnsinn ist Schlaflosigkeit und Überaktivität.

Natürlich gibt es auch ganz normale Phasen, was auch Crowhursts Verhalten in Funksprüchen sowie bei der Begegnung am 25. Juni mit dem vorbeifahrenden Schiff Cuyahoga erklärt. Wahn wird durch Stress ausgelöst – und die Belastungen, denen Crowhurst ausgesetzt war, waren gewaltig. Häufig gibt es auch eine Familiengeschichte im Fall von Depressionen. Wir wissen, dass Crowhursts Mutter psychisch krank war und mehrere Selbstmordversuche hinter sich hatte. Manische Patienten schildern nicht selten Episoden, in denen sie selbst überaktives und unverständliches Verhalten an den Tag legten, was man auch als Hypomania bezeichnet. Und es ist durchaus möglich, dass die Gründe, warum Crowhurst aus Armee und Luftwaffe entlassen wurde, in diese Kategorie fallen.

Andere Diagnosen müssen zwar in Betracht gezogen werden, sind aber im Fall Crowhursts unwahrscheinlich. Schizophrenie verursacht ebenfalls Psychosen, doch unter den mit diesem Krankheitsbild verbundenen typischen Halluzinationen litt Crowhurst nicht. Auch treten die Auswirkungen von Schizophrenie – zumal im Alter von 36 Jahren – normalerweise schleichend auf. Hunger und Vita-minmangel können auf langen Reisen ebenfalls zu Nervenzusammenbrüchen führen, doch auch hier kommt es zu einem schleichenden Krankheitsausbruch. Crowhurst war zwar schlank, aber auf einem Foto, das drei Wochen vor seinem Tod aufgenommen wurde, sieht er nicht unterernährt aus. Normalerweise nahm er eine gekochte Mahlzeit am Tag zu sich, und als die Teignmouth Electron geborgen wurde, waren noch ausreichend Lebensmittel an Bord. Psychosen können letztlich auch durch verdorbene Lebensmittel, durch Medikamente oder Gift ausgelöst wer-den, doch sind organische Psychosen in der Regel mit Verwirrung und Delirium verbunden. An Bord fand sich ein Fläschchen mit 32 Amphitamin-Tabletten. Wir wissen nicht, ob Crowhurst diese Amphitamine vor seinem Zusammenbruch ge-nommen hat, doch können diese das Fortschreiten der Krankheit beschleunigen. Bekannt ist, dass Crowhurst lügen konnte. Daher besteht durchaus auch die Mög-lichkeit, dass er eine Geisteskrankheit vortäuschte, möglicherweise sogar mit der Absicht, Selbstmord zu begehen. Doch gleichen die Berichte in Crowhursts letz-tem Logbuch der Redens- und Schreibweise vieler geisteskranker Patienten, die ich in den letzten 30 Jahren behandelt habe. Ich bin mir sicher, dass es sich auch in seinem Fall so zugetragen hat.

Aus Crowhursts Bericht wird klar, dass er beim Verlassen seines Bootes verwirrt war. Er wollte „das Spiel beenden" und irgendwie „Zeit und Ewigkeit" miteinander verschmelzen. Er nahm die Bootsuhr mit sich, was den Schluss zulässt, seine Ver-wirrung hing mit der Zeit zusammen. Wenn er von Bord gefallen wäre, hätte man die Uhr sicher im Boot gefunden. Der Glaube an übernatürliche Kräfte sind bei Wahnvorstellungen nicht selten und führen zu gleichermaßen gefährlichen wie selbstzerstörerischen Aktionen. Viele Patienten verletzen sich oder verunglücken tödlich bei dem Versuch, fliegen oder schweben zu wollen. Vor einigen Jahren hatte ich einen Patienten, der glaubte, mit einem Geländewagen einen 70 Meter hohen Abhang herunterfahren zu können, um seine „Unsterblichkeit" zu demons-trieren. Überraschenderweise gelang seine Vorführung – er entstieg dem Wrack fast unverletzt.

Obwohl man den Namen Crowhurst mit seinem Täuschungsmanöver und mit den bizarren Todesumständen verbindet, waren dessen Leistungen als Segler be-achtenswert. Er segelte allein 16.000 Seemeilen, erreichte Südamerika und die Falklands und kam bis 300 Seemeilen an Kap Horn heran. Hätte er nicht seinen Nervenzusammenbruch erlitten, die letzten 1800 Seemeilen, die ihn von Teignm-outh trennten, wären keine Hürde mehr gewesen. Manche mögen ihn vielleicht als Helden sehen. Mit Sicherheit aber war er ein tragischer Held, der von zu großem Anspruch, von Charakterschwächen und zum Schluss auch noch von Wahnsinn geprägt war.

Kommunikation:
Zu viel des Guten

Ros Hogbin

In einer Zeit, in der effektive Kommunikation und leichter Zugang zu Informationen als ganz normal hingenommen werden, kann man sich schwer vergangene Zeiten vorstellen, als Segler sämtliche Verbindungen zum Land abbrechen mussten, als sie in See stachen. Wettervorhersagen beruhten fast ausschließlich auf persönlicher Erfahrung und dem Wissen lokaler wie saisonaler Wettereigenarten. Jeder, der auf die Ankunft eines Seglers nach einem langen Törn wartete, kalkulierte auch gleich große Fehler-Spielräume ein. Und jetzt – ein paar Jahrzehnte später – gehört die Kommunikation zwischen Booten und dem Festland zum technologischen Standard. Kaum ein Blauwassersegler wird jemals ohne UKW-Funk oder gar GPS loslegen, und eine wachsende Zahl Segler verfügt über eine Ausstattung, die die Bordbatterien auf Trab halten.

Das folgende Kapitel behandelt die Art und Weise, wie die Revolution auf dem Kommunikationssektor unser Verhalten auf See verändert hat. Es erklärt, wie durch die Informationsmenge das Selbstvertrauen anstieg, so dass Segler selbst weniger bekannte Inseln und Buchten sicher anlaufen können. Andererseits bedeutet der leichte Zugang zu Informationen über meeresbezogene Daten und Fakten auch die Gefahr, zu selbstzufrieden zu sein. Das Risiko von Fehlentscheidungen steigt. Im schlimmsten Fall kann sich der Informationsüberfluss, der an Bord einläuft, zu Verwirrung führen und sich nachteilig auf die Art auswirken, wie wir segeln.

Lebender Tod

Vito Dumas verbrachte bei seiner Solo-Reise durch die Brüllenden Vierziger während des zweiten Weltkrieges über 65 Tage ohne Kommunikation und ohne mit jemandem zu sprechen. Natürlich hätte er ein Funkgerät mitnehmen können, aber wegen des Krieges verzichtete er darauf. Er verließ sich in den rauen Gewässern der Südmeere nur auf seine Fähigkeiten und bezeichnete dies „als Art lebender Tod". Noch in den 60er-Jahren hatten die Segler ein sehr gespanntes Verhältnis gegenüber Sendern, da sie ihrem Anspruch nach Genügsamkeit widersprachen und auch ihrer Vorstellung vom Geist des Segelns. Viele fuhren ja gerade zur See, um diesen Verführungen zu entgehen. Einige wenige Pioniere nahmen eher aus Pflichtgefühl gegenüber ihren Familien und Sponsoren Funkgeräte mit, die sie aber nur sehr zurückhaltend nutzten.

UKW-Funk gibt es erst seit den 60er-Jahren, doch es dauerte weitere zehn Jahre, ehe er sich durchsetzte. Doch auch dann noch gab es Segler wie Mike Garside, die ohne Gerät auskamen: „Wir segelten als Familie rund um die Welt, und wir hatten kein UKW an Bord. Wir hatten überhaupt kein modernes Kommunikationsmittel. Wir verließen uns auf Briefe, die wir in den Hafenbüros der Welt entgegen nahmen und das wars dann. Wir haben nichts vermisst."

Die Expansion der Kommunikationstechnik spiegelte sich in der Marine wider, als sich in den 80er- und 90er-Jahren auch noch Wetterfax und Satellitennavigation durchsetzten. Mit der Erfindung des GPS wurde auch die Art revolutioniert, mit der Segler ihre Position bestimmten und weitere wichtige Daten erhielten. Dies führte dazu, dass eine große Mehrheit der Küsten- und Offshore-Segler heute mit modernen Kommunikationsmitteln reisen, sei es einem einfachen UKW-Funkgerät oder dem interaktiven Satelliten-Navigationssystem.

Aufbau von Vertrauen

Radiokommunikation war jahrzehntelang ein preiswertes Mittel, Funksprüche abzusetzen und Informationen zu erhalten. Die Anwesenheit eines Funkgerätes an Bord vermittelte ein Gefühl der Sicherheit, und wenn es nur darum ging, die Küstenwache anzurufen um das Vorhaben eines sich nähernden Schiffes anzukündigen. Über UKW kann nach wie vor zum Beispiel ein großes Angebot an Wetterinformationen abgerufen werden. Dies ist für die Sicherheit an Bord einer Yacht unverzichtbar und hat direkten Einfluss auf die taktischen bzw. kurzfristigen Entscheidungen des Skippers. Für Blauwassersegler gibt es die Möglichkeit von Satellitentelefonen, über die auch E-mails und SMS versendet werden können. Dieses – wenn auch teure – Medium eignet sich für jene, die mit der Familie, mit Freunden oder auch Geschäftspartnern in Verbindung bleiben wollen. Es ist jedenfalls immer noch aufregend, wenn man von einem entlegenen Ankerplatz aus Kontakt zur Zivilisation halten kann.

Satellitenkommunikation ermöglicht das Aufrechterhalten von Verbindungen zwischen Seglern, die durch Hunderte oder gar Tausende Meilen voneinander getrennt sind. Alle Jahre wieder machen sich Hunderte von Fahrtenseglern auf den Weg über den Atlantik oder auch Pazifik, wobei die Netzwerke genutzt werden, um die Segler mit Informationen über ihre tägliche Position und die Wetterverhältnisse zu versorgen. Auch andere nützliche Daten können so gewonnen werden. Während unserer eigenen Weltumsegelung machten wir uns von Zeit zu Zeit einen Spaß daraus, mit anderen Seglern zu kommunizieren. So tauschten wir Tipps aus, zum Beispiel welche Inselgruppen man besuchen soll oder wie sich das Wetter verändert. Indem wir so mit anderen in Kontakt traten, gehörten wir zur einer übersichtlichen ozeanischen Gemeinschaft, obwohl wir tatsächlich vom physischen Kontakt Tausende von Meilen auf einem einsamen Ozean entfernt waren. Freundschaften, die derart entstanden, hielten ewig.

Das Amaturenbrett der Speewell of Cremyll, einer 49-Fuß-Yawl. Es zeigt eine ganze Batterie elektronischer Ausrüstung aus den 60er-, 70er- und 80er-Jahren. Obwohl diese Geräte zum Zeitpunkt des Einbaus top modern waren, wirken sie heute sehr altmodisch. Foto: Tim Bartlett

Satelliten und mehr

„In unserer zunehmend technisierten Welt gibt es wenig Zweifel, dass es noch un-
berührte Ecken gibt, vor allem seit der Einführung von Elektronik." So jedenfalls
kommentierte Matthew Sheahan die Entwicklung von 3-D-Seekarten und den ra-
santen Zugang zum Internet. Selbst ohne diesen letzten technologischen Schrei
hat das GPS alle Segler mit der Fähigkeit ausgestattet, jederzeit leicht und effektiv
die eigene Position mit großer Genauigkeit festzustellen. Obwohl in den Segel-
schulen nach wie vor Koppeln, Peilen und Astronavigation gelehrt wird, hat sich
GPS zum Standard-Navigationsinstrument entwickelt.

Die Einführung von GPS schenkte dem Segler ein ganz neues Selbstvertrauen.
Was früher als Luxus angesehen wurde – nämlich die Fähigkeit, bei jedem Wetter
die genaue Position zu ermitteln -, ist heute ein Gemeinplatz. Genau zu wissen, wo
wir uns befinden, ist ein ganz neues Segelgefühl. Es eröffnet uns Reviere, die früher
für die meisten Segler tabu waren, wie zum Beispiel das als „Dangerous Archipe-
lago" bekannte Tuamotuan-Archipel im Südpazifik. Die Tuamotus bestehen aus
Hunderten von kleinen Korallenatollen, wobei jedes für sich von einem Riff und
einer flachen Lagune umgeben ist. Die Lagunen sind nur über einen schmalen
Durchgang zu erreichen, der genau lokalisiert und sehr vorsichtig passiert werden
muss. Mit Hilfe der genauen GPS-Position, die man möglicherweise von einem
freundlichen Segler erhalten hat, kann man in die Lagune hinein fahren, wobei es
auch aufs Augenmaß ankommt. Wichtig ist, den Durchgang genau zu treffen und
den Hindernissen aus dem Weg zu gehen, die direkt angrenzen. Belohnt wird man

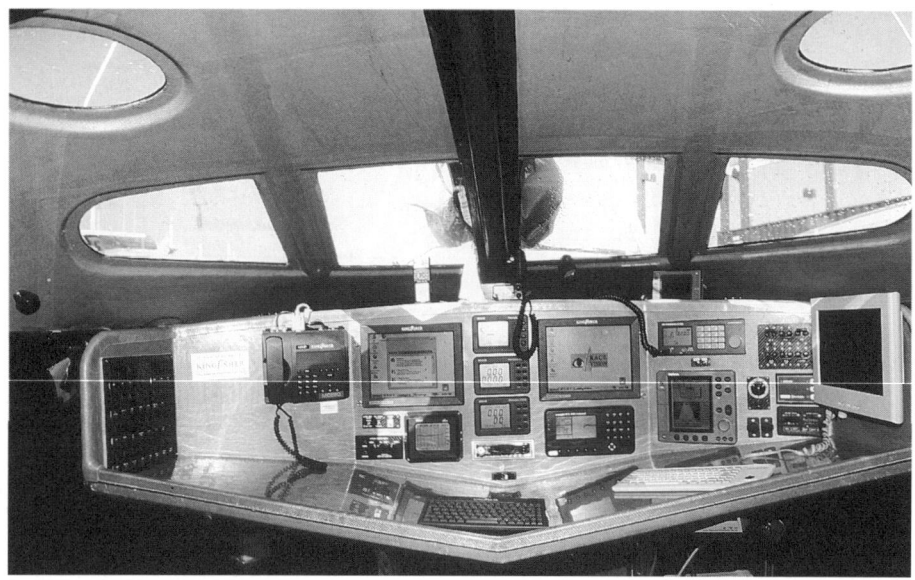

High-Tech-Yachten von heute sind mit den modernsten Kommunikationssystmen ausgerüstet: Im Bild das Amaturenbrett der Kingfisher von Ellen MacArthur. Foto:Thierry Martinez

anschließend mit dem Erlebnis eines abgelegenen und idyllischen Ankerplatzes und all den Annehmlichkeiten, die damit verbunden sind.

Satellitenkommunikation hat sich in den vergangenen Jahren vor allem auf Regattayachten sehr stark durchgesetzt. Tatsächlich ist die Netzabdeckung fast weltweit, und diese Art der Kommunikation bietet einen unvergleichlichen Standard an möglichen Informationsquellen. Im Gegensatz zu Mike Garsides elektrokommunikationsfreiem Törn in den 70er-Jahren, gehen Segler auf modernen Racern von den gegebenen Möglichkeiten aus, ohne die die Rennen heutzutage auch nicht möglich sind. Das Beispiel einer E-mail Konversation war für Mike Garside bei der Regatta Around Alone von größter Wichtigkeit, wie das folgende Zitat beweist: „Schon früh im Rennen sorgte die Kommunikation für Selbstvertrauen und dafür, Ängste abzubauen. Als es auf der letzten Etappe darum ging, im Kampf gegen J.-P. Mouligné noch einmal aufzudrehen, feuerte ihn jede Nachricht zusätzlich an. Wenn mir J.-P. eine Meile abnahm, war ich entschlossen, zwei Meilen zurückzugewinnen. Ohne diese Kommunikation wäre es sehr, sehr schwierig geworden. Schon daher habe ich sehr großen Respekt vor den Leuten von der Mini-Transat, die ihre Leistung ganz allein bringen müssen."

Bis vor kurzem wurde die Mini-Transat – eine Einhandregatta in kleinen, radikalen Booten – ohne jegliche Kommunikationsmittel durchgeführt. Doch nach einem Sturm bei der Transat 1999 und einigen vermeidbaren Rettungsaktionen, ließen sich die Organisatoren auf eine eingeschränkte Nutzung von Satelliten-Telefonen im Notfall ein. Ellen MacArthur nahm 1997 teil und verglich die Kommunikationsmittel mit denen, die mit ihren Rennen heute Hand in Hand gehen.

„Die Mini-Transat ist ein harter Test, weil man wirklich alleine ist. Du kannst mit niemandem sprechen, wenn du willst. Hat man indes ein Satellitentelefon, dann sieht die Sache ganz anders aus. Kommunikation ist mit Sicherheit entscheidend, wenn man auf sich alleine gestellt ist. Du willst mit Menschen sprechen, um dich besser zu fühlen. Außerdem ist es schwierig, mit einem Sponsor zusammen zu arbeiten, wenn man dreieinhalb Monate von ihm getrennt ist. Aber es ist auch eine ganz persönliche Sache; man bekommt eine ganz andere Sicht, wenn man seine Erlebnisse teilen kann. Für mich ist es sehr wichtig, mit anderen Leuten das zu teilen, was ich tue... Man mag zwar da draußen auf sich allein gestellt sein, aber jeder der hinter dir steht, ist eine Hilfe."

Diese verantwortungsbewusste Einstellung zur Kooperation mit dem Sponsor ist unter den heutigen Profiseglern selbstverständlich. Sie arbeiten hart daran, sich mitzuteilen und ihre Regattaerlebnisse mit interessierten Beobachtern zu teilen.

An der BT Global Challenge des Jahrgangs 2000 nahmen zwölf identische Stahlyachten teil, die „falsch herum" mit professionellen Skippern und Amateur-Crews um die Welt segelten. Gesponsort wurde das Event von einem internationalen Telekommunikations-Konzern, der jede Yacht mit der denkbar modernsten Technik ausstattete: Direkt-Linien für Radiointerviews, E-mail und Internet-Zugang, drei voneinander unabhängigen Satellitensendern und der Möglichkeit zur Versendung digitaler Videos direkt zum Rennveranstalter. „Die Kommunikationssysteme", so wird zitiert, „gestatten allen, an dem aufregenden Ereignis, der Spannung sowie den physischen und psychischen Ansprüchen teilzuhaben. Zuschauer weltweit werden Zeuge, wie Teams im Kampf gegen die rauesten Meere der Welt zusammen arbeiten... Mit Hilfe des Internets und der Daten, die direkt von den Booten kommen, hat man auch von außen die Gelegenheit, beim Renngeschehen dabei zu sein. Man bekommt einen Einblick sozusagen durch die Augen, die Gedanken und die Herzen der Teilnehmer."

Der Sicherheitsaspekt

In den Anfängen der Blauwasser-Regatten pflegte man eine kompromisslose Einstellung, wie die Ansicht von Blondie Hasler beweist: „Es gibt keine Rettungsaktionen. Ein Skipper, der nicht in der Lage ist, aus eigener Kraft am Leben zu bleiben, soll lieber in Ehre sterben." Die Einstellung zum Thema Sicherheit ist heute anders. Die Profis bei Regatta-Großereignissen halten ständigen Kontakt zur Regattaleitung, die ihre Positionen permanent aufzeichnen und im Notfall rund um die Uhr ansprechbar sind. Die Effektivität eines solchen Systems wurde beim BOC-Race des Jahres 1994/1995 auf eine harte Probe gestellt, als die Französin Isabelle Autissier mit ihrem ohnehin notberiggten Schiff kenterte: „Das Bewusstsein ließ nach und die Müdigkeit nahm überhand." Das Steuersystem war zerstört und nach dreiwöchigem Segeln mit Notrigg war sie vollkommen erschöpft. Es hatte sich nicht ausgezahlt, unter allen Umständen im Rennen bleiben zu wollen: „Angesichts meines Zustandes und dem meines Bootes wusste ich, dass es unmöglich sein würde, sicher nach Sydney zu kommen. Ich musste retten, was noch zu retten war." Zwei Stunden nach dem Durchkentern und zum ersten Mal in ihrer Karriere als Profiseglerin, setzte sie den Notruf ab: „Die kleinen Lichter begannen zu blinken und hoch oben in den Sternen wurde mein Ruf erhört. Als ich das EPIRB anschaltete, war ich mir ziemlich sicher, gerettet zu werden. Ich wusste, es ist ein gutes System. Und es ist eine unglaubliche Organisation." Unmittelbar nach dem Notruf begann die Such- und Rettungsaktion unter der Leitung der australischen Seenot-Rettung (MRCC) in Canberra. Autissiers Familie in Frankreich wurde sofort über die Notlage informiert. 18 Stunden später kam ein Flugzeug: „Als ich das Flugzeug hörte, war dies ein großartiger Moment für mich. Ich konnte mich nicht verständigen, da mein Funkgerät nicht mehr funktionierte. Meine Gefühle überschlugen sich." Keine 24 Stunden später wurde sie von einem Hubschrauber gerettet, der sie nach Adelaide brachte: „Ich verdanke ihnen mein Leben und das werde ich ihnen nicht vergessen", meinte sie anschließend zu ihren Rettern.

Ähnlich erging es auch Tony Bullimore bei der Vendée Globe 1996/1997. Er harrte im gekenterten Rumpf der Exide Challenger aus, nachdem er sein EPIRB ausgelöst hatte. Bullimore wusste nicht, ob sein Notruf tatsächlich abgegangen war. Dennoch startete die Royal Air Force die größte Such- und Rettungsaktion, die es je in Friedenszeiten gegeben hatte. Und als Bullimore tatsächlich seinem Gefängnis entkommen war, sagte er: „Mir wurde ein zweites Leben geschenkt. Ich wurde aus einem dunklen, nassen und verzweifelt einsamen Ort wiedergeboren."

Im selben Rennen, unter schwersten Südmeer-Bedingungen, schnappte Pete Goss einen Notruf des Teilnehmers Raphael Dinelli auf. Seine Position lag 160 Seemeilen gegen den Wind. Während er sich mit der Aqua Quorum aufmachte, um Dinelli zu retten, ließ Goss sich von einem Flugzeug die aktuellen Positionen durchgeben. Er erhielt detaillierte Wetterfaxe, kämpfte sich langsam zur Rettungsinsel mit Dinelli vor. In einer beispiellosen Leistung gelang es ihm, den Franzosen zu retten. Nachdem er Dinelli an Bord der Aqua Quorum willkommen geheißen hatte, schrieb Goss: „Ein leises „thank you" drang durch den Überlebensanzug... ich hatte keine Ahnung, wie sehr Augen so viel Erlösung und Dankbarkeit ausdrücken können." Weder Tony Bullimore noch Raphael Dinelli hätten ohne Satelliten-Kommunikationssysteme die geringste Chance gehabt.

Neigung zu Selbstzufriedenheit

„In den frühen Tagen hatten wir keine Funkgeräte, keine EPIRBs und all diese andere Ausrüstung. Wir wussten, dass wir nicht gerettet werden konnten. Niemand hätte uns finden können, und so waren wir uns selbst überlassen, was unsere Eigenverantwortung steigerte... Ich glaube, dass die Kommunikation die Menschen unachtsamer werden lässt. Es ist eine Tatsache, dass man jederzeit anrufen und um Hilfe bitten kann, man aber verloren ist, wenn die Systeme ausfallen." So der Kommentar von Robin Knox-Johnston. Dieser Punkt ist nicht von der Hand zu weisen, angesichts der vielen Segler, die andauernd kommunizieren und dies als Entschuldigung vorschieben, wenn über UKW Kanal 16 ein Notruf kommt.

In europäischen Gewässern kann man von Glück reden, dass man von Sicherheitsangeboten förmlich umzingelt ist. Ob meteorologische Warnungen oder medizinischer Rat – über UKW werden all diese Informationen erteilt. Such- und Rettungsaktionen werden zentral in den jeweiligen Ländern koordiniert, und tatsächlich werden auch viele Menschen aus Seenot gerettet. Ferner versorgen die Radiosender sehr aktiv ihre Hörer mit Wetterinformationen. Aber auch über UKW, über Wetterfax und die Satellitensysteme werden die Wassersportler mit Prognosen versorgt. Jederzeit haben wir ausgezeichnete Möglichkeiten, an Wettervorhersagen heranzukommen, sei es, um zu planen oder einfach während des Segelns. Wir segeln mit dem Wissen, dass wir stets den Kontakt aufrecht erhalten können. Und sollten wir uns in Gefahr befinden, ist Hilfe schnell zur Stelle.

Allerdings verändert dieses Bewusstsein in einem gewissen Ausmaß die Art und Weise, wie wir segeln. Allzu oft verlassen wir uns vollständig auf die erhaltene Vorhersage, bei der wir davon ausgehen, dass sie bis ins Detail stimmt. Statt dessen sollten wir sie als das nehmen, was sie ist – eine Vorhersage mit einer Einschätzung der Situation. Wir setzen jedoch die Segel und haben dabei noch die Worte des Sprechers im Ohr. Völlig irritiert sind wir dann, wenn wir plötzlich reffen müssen oder aber mit zu wenig Tuch herum dümpeln. Schlimmer noch freilich ist, wenn man eine schlechte Vorhersage ganz bewusst ignoriert. Natürlich ist unsere Zeit knapp bemessen, natürlich muss ein Charterboot in einer bestimmten Frist zurückgegeben werden. Plötzlich meinen wir, wir könnten uns über das Wetter hinwegsetzen, weil wir der Auffassung sind, die Bedingungen seien gar nicht so schlecht. Und im schlimmsten Fall kann man ja immer noch die Seenotrettung alarmieren. Unsere Tagesordnung geht vor, obwohl es uns vielleicht an Erfahrung mangelt oder wir auch auf bestimmte Eventualitäten nicht vorbereitet sind. Von den Rettungsmannschaften erwarten wir, dass sie die Reste aufsammeln. Leider liest man in der Presse viel zu oft, dass Skipper Wetterwarnungen in den Wind schlugen. Statt zu warten, legten sie los, weil sie einen Termin einhalten mussten. Und prompt befanden sie sich in Schwierigkeiten, die im Extremfall katastrophale Folgen haben können wie zum Beispiel das Überbordgehen eines Crewmitglieds.

Wir besitzen doch die Freiheit darüber zu entscheiden, ob wir segeln oder nicht. Wir können die Risiken abwägen und entsprechend der Umstände entscheiden. Natürlich kann dies dennoch schief gehen, wie beim Fastnet-Race 1979 oder beim Sydney-Hobart-Race 1998. Geschwindigkeit, Ort und Ausmaß des Tiefdruckgebiets überraschten die meisten, auch die Wetterexperten. Schon deshalb müssen die Fragen, die wir uns stellen müssen, lauten: „Segeln wir mit den uns vorliegenden Informationen im Bereich unserer Möglichkeiten? Und sollten sich die Bedingungen verschlechtern, sind wir darauf vorbereitet? Wie sieht der Notfallplan aus und wie setzen wir ihn in Marsch?

Selbst hochpräzise GPS-Geräte können einen in falscher Sicherheit wiegen, da sie zwar metergenaue geografische Positionen angeben, die aber auf Kartenmaterial beruhen könnten, das 100 Jahre und älter ist. Dies würde dazu führen, dass die Position einige Meilen vom Standort auf der Karte abweicht. Auf offenem Meer mag dies kaum eine Rolle spielen, aber es ist umso wichtiger, wenn man in aufgewühlter See eine kleine Passage finden muss. In solch einer Situation dürfen wir uns einfach nicht lediglich aufs GPS verlassen. Zur eigenen Sicherheit muss man gegenchecken. Es nutzt nichts, die Karten dafür verantwortlich machen zu wollen, dass sie ungenau sind. Manche von ihnen wurden zu einer Zeit gezeichnet, als Satelliten nicht einmal in den kühnsten Vorstellungen der Wissenschaftler vorkamen.

Das Übermaß an Kommunikationsmitteln an Bord betrifft inzwischen die meisten Boote. Das heißt nicht, dass Segeln eine Wissenschaft sein muss, die exakt und nachvollziehbar wie ein Experiment durchgeführt werden muss. Aber es heißt auch nicht, dass Segler und vor allem Skipper ihre Fähigkeiten herunterfahren müssen. Der Dummkopf zur See wäre die logische Folge. Der Wert und die Vielfalt des Segelns bestehen darin, dass wir uns Wind und Wellen stellen müssen. Wir benötigen gesunden Menschenverstand und die entsprechenden Fähigkeiten, um uns mit Hilfe des Windes fortbewegen zu können. Das ist es, was die Freude am Segeln ausmacht und nicht etwa eine nachlässige Einstellung gegenüber den Gefahren. Pete Goss brachte es auf den Punkt: „Moderne Ausrüstung und Methoden ersetzen keine Seemannschaft. Es sind nur Hilfen – zugegebenermaßen gute Hilfen."

Verwirrung

Die Daseinsberechtigung für die Kommunikationsmittel sollte in größerer Klarheit bestehen – also in der Möglichkeit, ein Bild schärfer darzustellen, eine Situation besser einschätzen zu können, das Segeln zu erleichtern und in Verbindung zu stehen. Diese Erwartung wird jedoch nicht immer erfüllt. So beschwerten sich bereits die frühen Regattasegler, die nur in der Lage waren, sich in Küstennähe über Funk zu verständigen, über einen unwillkommenen Nebeneffekt. Dazu Einhandsegler Robin Knox-Johnston: „Die Funkzeiten brachten einen wirklich in Schwierigkeiten, weil sie überhaupt nicht zum Tagesrhythmus an Bord passten. Es ist sehr unangenehm aufzustehen, wenn es den Herrschaften an Land gerade gelegen ist, anstatt zu schlafen oder etwas anderes zu tun. Man muss sogar einen Segelwechsel unterbrechen. Ich denke, dies ist falsch. Da bevorzuge ich wirklich die Satellitenkommunikation – hier setze ich meine Meldungen ab, wann es mir am besten passt."

Auch Tania Aebi, jene 18-jährige Einhand-Weltumseglerin, die fast während ihrer gesamten Reise keinen Kontakt mit anderen Yachten hatte, empfand die Veränderung des Bordrhythmus als sehr störend, als sie andere Yachten kreuzte bzw. in UKW-Funkbereiche hineinkam: „Statt einer natürlichen Routine, wie ich sie auf anderen Törns erlebt hatte, begann mein Tag am Funkgerät. Ich maß plötzlich die Zeit nicht mehr nach der Sonne, sondern nach den Minuten, die mir blieben, ehe ich das UKW-Gerät anschaltete."

Von dieser Begleiterscheinung abgesehen, Sklave der Kommunikation zu sein, gibt es eine Tendenz, die sehr viel beängstigender ist und die jede Gruppe von Seglern betreffen kann: Die Folge ständiger Überinformation.

Chaos im Roten Meer

Welches Kommunikationsdurcheinander auftreten kann, möchte ich an meinem eigenen Beispiel darstellen: Als wir 1999 nach dreijähriger Weltumseglung ins Rote Meer kamen, wurden wir Opfer eines „Kommunikations-Overkill", der zu völliger Verwirrung und sogar Unsicherheit führte. Das Rote Meer fasziniert durch seine kulturelle Vielfalt und die überwältigende Unterwasserwelt. Hinzu kommen anspruchsvolle Segel- und Wetterbedingungen. Wenn man zusätzlich zur Überfrachtung mit Informationen die menschlichen Faktoren wie Angst, Seekrankheit, Ungeduld und Erwartungshaltung addiert, dann wird aus einer eigentlich lässigen Crew eine Truppe, die nur ein schaler Abklatsch ihrer selbst ist.

Ernste Diskussionen übers Wetter begannen bereits bei Sri Lanka, also lange vor dem Roten Meer. Gegenwind, steile Seen und Wüstenwind machten uns zu schaffen. Die Mehrheit der Yachten auf dem Weg ins Mittelmeer schalteten sich erstmals über 8 MHz ins Netz, nur um zu hören, wie es den anderen Crews so ergeht. Wir sprachen mit Crews in unserer Reichweite, während wir uns Bab el Mandeb und dem Roten Meer näherten.

Dieses Seegebiet lässt sich grob in drei Wetterregionen einteilen, die jeweils nördlich aneinandergrenzen: Kräftige Südwinde im ersten Drittel, die Konvergenzzone mit wechselhaftem Wetter im zweiten sowie Nordwest-Winde in Sturmstärke im dritten Drittel. Erst in der Nähe des Suezkanals werden die Verhältnisse wieder moderater. Kompliziert wird es im nördlichsten Drittel vor allem dadurch, dass binnen Minuten der Wind von völliger Flaute in Gegenwind mit einer Stärke von 25 bis 30 Knoten umschlagen kann. Steile Seen sind die Begleiterscheinung. Angesichts solcher Verhältnisse zogen wir es vor, in Ankerbuchten auf Wetterbesserung zu warten. Bei Anbruch des Tages segelten wir wieder los und wussten, dass sich die Bedingungen in einem Zeitfenster zwischen sechs und 36 Stunden verschlechtern konnten und die Jagd nach einer schützenden Bucht erneut beginnen konnte. Vorhersagen für diese Umschwünge waren nahezu unmöglich, auch wenn ein zypriotischer Wetteramateur über Funk Vorhersagen für die kommenden fünf Tage machte.

Schon deshalb richteten sich unsere Pläne nach dem, was die Verhältnisse brachten, wir genossen die Unterwasserwelt und suchten wenn nötig Schutz. Nachdem wir Suakin im südlichen Sudan dank südöstlicher Winde mit 20 bis 25 Knoten erreicht hatten, wollten wir von der ruhigen Konvergenzzone profitieren und steuerten das Sanganeb Riff an, das für seine spektakulären Tauchgründe berühmt ist. Und plötzlich sahen wir uns mit den Ängsten konfrontiert, die ein Wetterumschwung mit sich bringen kann. Eine andere Yacht hatte in der Nähe geankert, verließ aber sehr hastig das Riff. An diesem Nachmittag verpassten wir bei herrlichen Verhältnissen ein wichtiges Wetterfenster und blieben über Nacht. Andere Yachten segelten am Riff vorbei und wir bemerkten, dass sie unter allen Umständen weiter wollten. Bei so viel Unsicherheit bezüglich der Verhältnisse ist es ausgeschlossen, immer die richtige Antwort auf die Frage zu haben, ob man den Ankerplatz wechseln soll. Dies hat zur Folge, dass der Fahrtensegler nach Informationen in der Hoffnung lechzt, dass sie ihm die Entscheidung abnehmen. Die Funkverbindungen liefen heiß. Je mehr wir uns informierten, desto mehr blieben wir auch in Verbindung und umso leichter würden wir die richtige Lösung finden. Dem war allerdings nicht so.

Die Funksprüche wurden immer ernster. Zwei Mal am Tag gab es die Nachrichten über das obere Drittel im Roten Meer, in dem wir gerade vor Anker lagen. Scharfe Stimmen sprachen von einwöchigem Sturm und von sehr schweren Bedingungen. Fahrtensegler, die sich noch weiter im Süden befanden, löcherten jene, die die Stürme über sich ergehen lassen mussten. Sie wollten wissen, wo man an der unwirtlichen Wüstenküste Schutz suchen konnte. Und plötzlich war jeder dabei – es wurde zugehört, kommentiert und es wurden über Funk Pläne geschmiedet. Dank eines Wetterphänomens konnte man auch noch mit Yachten in Verbindung treten, die über 100 Seemeilen entfernt waren, was zur völligen Verwirrung noch einiges beitrug. Auch wir mussten mit Gegenwind kämpfen, mussten in Buchten an der Wüstenküste Schutz suchen, wo wir mitunter eine Woche lang festsaßen. Einige Crewmitglieder wurden ungeduldig, weil sie keine Gelegenheit auslassen wollten, sich über die Bewegungen und die Reisepläne der anderen zu informieren. Stück für Stück mogelten wir uns an der Küste entlang. Einige Crews verzichteten dabei auf ihre Unabhängigkeit und suchten in einer Art Herdenmentalität Schutz, indem sie als Flotte reisten und sich gegenseitig die Winddaten durchgaben, sobald auch nur ein Anemometer die kleinste Veränderung anzeigte. Obwohl sie sich in Sichtweite befanden, fragten die Crews über UKW gegenseitig die genauen Positionen der begleitenden Yachten ab, welche Windverhältnisse sie hatten und wann sie wenden würden.

Wir selbst hatten vor, Freunde in Zypern zu treffen und wir waren der Ansicht, alle Zeit der Welt zu haben. Doch indem unser Polster abnahm, wurden auch die wöchentlichen Funksprüche nach England zur frustrierenden Erfahrung. Zwar versuchten wir optimistisch zu sein und Larnaca wie vorgesehen zu erreichen, doch bei einer Strecke von 30 Seemeilen innerhalb einer Woche wurde dies immer unwahrscheinlicher. Während wir versuchten, über Funk optimistisch zu bleiben, wussten wir, dass andere Fahrtensegler über zwei Monate für die 1200 Seemeilen gebraucht hatten. Das Funknetz des Roten Meeres sollte eigentlich hilfreich sein. Doch teilweise hatten die Meldungen den Charakter wie bei einer militärischen Operation, wobei angesichts der fehlenden Möglichkeiten, die gemachten Angaben zu überprüfen, ganze Yachtflotten mit Sorgen überschüttet wurden. Manchmal bestand die einzige Möglichkeit, Ruhe zu haben, darin, das Funkgerät auszuschalten.

Schließlich erreichten wir den Suez-Kanal. Wir waren erschöpft und erleichtert zugleich, den Klauen des Roten Meeres entkommen zu sein. Nachdem wieder eine gewisse Normalität eingetreten war, sprachen wir mit Freunden, die hunderte Meilen hinter uns festsaßen. Auch ihnen blieb der Frust über all die wohlmeinenden Stimmen nicht erspart, die Erfahrung suggerierten und massenweise Informationen von zweifelhaftem Wert übermittelten. Am Ende mussten die Zuhörer ohnehin ihre eigene Entscheidung treffen. Das Rote Meer ist ein faszinierendes Seegebiet, aber es erfordert ein starkes Nervenkostüm, will man in guter geistiger Verfassung herauskommen.

Fazit

Die jüngere Geschichte hat gezeigt, dass die Bordkommunikation rasante Fortschritte gemacht hat. Dasselbe gilt auch für die Yachtdesigns, mit denen wir uns den Gewalten stellen können. Wind und Wellen jedoch durchleben wir in altbekannten Höhen und Tiefen. Genauer denn je können wir auf den Ozeanen unsere Position bestimmen, das Wetter auf Monitoren interpretieren und mit anderen Yachten in Verbindung bleiben. Dies hindert aber niemanden daran – wenn er will -, auch mit einfachsten Mitteln an Bord in See zu stechen. Nicht einmal ein UKW-Funkgerät muss seine Wasserwelt aus der Ruhe bringen. Die meisten allerdings entscheiden sich für die Segnungen der Kommunikation, weil sie erkannt haben, wie sehr diese Systeme ihre Freude und auch seglerische Kompetenz erhöhen.

Die Kommunikation wird sich auch in Zukunft weiter entwickeln und uns in die Lage versetzen, neue Dinge zu tun. In dem Maße, in dem die Yachten schneller werden und Regatten austragen, steigt auch unsere Anforderung, untereinander in Verbindung zu bleiben. Die ausgefeilte Technik wird weiter zunehmen, und mit ihr das Vertrauen, das wir in sie setzen. Seit den frühen Seglern haben sich die Wetterverhältnisse nicht entscheidend verändert. Doch die Art und Weise, wie wir auf die Verhältnisse reagieren, kompliziert den Segelsport parallel zu den Datenmengen, die uns auf See erreichen. Letzten Endes sind wir selbst dafür verantwortlich, Verwirrung und Selbstgefälligkeit auszuschließen. Dies bedingt, dass wir unsere Kommunikationssysteme weise einsetzen und gute Seemannschaft praktizieren, wann immer wir segeln.

Extremsegeln

Ros Hogbin

„Über Deck pfeifen Windböen mit über 75 Meilen pro Stunde. Während du steuerst, peitscht die Gischt in dein Gesicht, als habe sie jemand mit einem Gewehr abgefeuert. Die Wellen reißen dich von den Füßen. Riesige Achterbahnwellen, auf deren Kamm sich endlose Reihen von kleinen Wellen brechen. Es gibt kein Entkommen. Unter Deck läuft das Kondenswasser die Wände entlang und alles trieft vor Nässe… Erwachsenen Männern laufen die Tränen über die Wangen, während sie in ihrer Freiwache darauf warten, dass das Blut in ihren Händen wieder zu zirkulieren beginnt."

So die Notiz von Kevin Dufficey, Mannschaftsmitglied auf der ersten British Steel Challenge, in der er den Rennalltag im Südmeer des Jahres 1993 beschrieb.

Was ist Extremsegeln

Das Wort „extrem" könnte man auch mit den Worten „kaum vorstellbar" umschreiben. Hart an die Grenze des Möglichen gehen, Dinge tun, die noch nicht erreicht worden sind. Man kann „Extremsegeln" auch in die Chronologie einordnen. Damit dies aber Sinn macht, muss man auch die Yachthistorie berücksichtigen sowie die Verhältnisse, die in der jeweiligen Zeit herrschten. Was in den Anfängen des Segelsports gerade möglich war, mag heute alltäglich sein. Das „kaum Vorstellbare" hängt unmittelbar mit dem Entwicklungsstand des Yachtdesigns zusammen. Extremsegeln ist also schon per Definition ein relativer Begriff. Er beschreibt Segelaktivitäten, die an die Grenzen dessen gehen, was man sich vorstellen kann und bei dem die Hauptakteure sich übertreffen. Es wird ein Status erreicht, der weiter geht als der Vorangegangene und über das hinaus geht, was Menschen sich ausdenken können.

Extremes Segeln war stets mit Wettkampf, mit neuen Technologien, Geschwindigkeit und Ausdauer verbunden. Es ist Ausdruck einer neuen Ära mit historischen Ursprüngen. Eine ganze Industrie lebt davon. Extremsegeln ist für Sponsoren interessant, es schafft Persönlichkeiten, bricht Rekorde und blickt unentwegt in die Zukunft. Dennoch reichen seine Wurzeln bis in die Mitte des 18. Jahrhunderts zurück, als Wettfahrtsegeln noch in den Kinderschuhen steckte.

Yachtregatten – frühe Entwicklungen

Um dem extremen Segelsport und seiner Entwicklung auf die Spur zu kommen, müssen wir einen Blick auf die ersten Jahre werfen, als Segelwettfahrten in Mode kamen und Yachten dafür entwickelt wurden. Regatten wie der America's Cup waren das Privileg einiger reicher Eigner mit großen Budgets und entsprechenden Yachten. Auch die erste Transatlantik-Regatta war nur großen Yachten und entsprechend vermögenden Eignern vorbehalten. Sie wurde 1866 ausgetragen. Im Jahr 1905 gewann bei einer ähnlichen Veranstaltung der Dreimast-Schoner Atlantic, wobei dieser mit einem Etmal von 341 Seemeilen einen Rekord aufstellte, der bis in die zweite Hälfte des 20. Jahrhunderts ungebrochen bleiben sollte. Dies bedeutet, dass schon zu Beginn des letzten Jahrhunderts Wettfahrtsegeln eine Rolle spielte und die frühen Segler auch den Wunsch verspürten, Erfolg zu haben.

Etwa zur gleichen Zeit gab es aber auch schon Bestrebungen, mit kleineren Booten an Offshore-Rennen teilzunehmen. Thomas Fleming Day zum Beispiel wollte mit einer kleinen Yacht den Beweis antreten, man könne mit einer guten Konstruktion und ebensolchen Segelfähigkeiten auch mit einer kleinen Yacht sicher segeln. Aus dieser neuen Idee entwickelte sich das Bermuda Race, bei dessen erster Austragung nur drei Teilnehmer an den Start gingen. Es gewann eine 38 Fuß lange Yawl. Jene Teilnehmer waren so begeisterte Segler, dass sie 1922 den Cruising Club of America gründeten.

Die sportliche Antwort aus England folgte im Jahr 1925 mit dem Fastnet-Rennen. Es war ungefähr genauso lang und wurde von Seglern bestritten, die nur den Wunsch hatten, sich in rauere Gewässer vorzuwagen und ihr Können zu messen. Acht Teilnehmer gingen mit langkieligen, gaffelgetakelten Booten an den Start zu einer Veranstaltung, die durchaus kontrovers gesehen wurde. Das Revier rund um den Fastnet-Felsen galt als besondere Herausforderung, doch dies mit kleinen Fahrtenyachten zu wagen, löste doch einiges Stirnrunzeln aus. Der „Royal Cruising Club" bezeichnete das Fastnet Race als unseemännisch und die Yacht Racing Association und spätere RYA qualifizierten diese Art Rennen als „nicht angemessen" ab.

Doch die abenteuerlich veranlagten Seelen, die nichts auf derartige Beurteilungen gaben, gründeten den Ocean Racing Club (der spätere Royal Ocean Racing Club – RORC). Dieser sah seine Aufgabe in der Organisation von Offshore-Wettfahrten und der Installierung von Handicap-Regeln. Aktiv unterstützte der RORC die Austragung von Langstrecken-Regatten sowie den Bau und das Segeln von Booten, bei denen Geschwindigkeit und Seetauglichkeit im Vordergrund standen.

Kein Wunder, dass auch die Entwicklung im Bootsdesign nicht halt machte. Das Gaffelrigg gehörte der Vergangenheit an und wurde durch die Bermudatakelung abgelöst, die nicht nur die Handhabung erleichterte, sondern auch mehr Leistung pro Quadratmeter Segelfläche erbrachte, freilich erweitert durch die neuartigen Spinnaker. Die Yacht Dorade, eine in den USA entworfene 52-Fuß-Yawl, gilt als Vorgängerin der modernen Ocean-Racer und gewann die Transatlantik-Regatta von 1931 in kaum mehr als 17 Tagen. Damit war sie mehr als 66 Stunden schneller als der Rest des aus zehn Yachten bestehenden Feldes. Vorgefasste Meinungen begannen zu schwanken. Allmählich akzeptierte man, dass auch kleine Yachten unter Wettfahrtbedingungen sicher über den Atlantik segeln konnten. Im selben Jahr gewann die Dorade auch das Fastnet Race – ein Erfolg, den sie 1933 wiederholte. Für britische Yacht-Designer war dies Ansporn genug, eigene seetaugliche Rennyachten zu entwerfen. Boote wie die Maid of Malham oder Ortac waren Beispiele dafür, wie man Geschwindigkeit in das Korsett von Wettfahrt-Handicaps einpasst, dabei aber auf Seetüchtigkeit der früheren Cruiser nicht verzichtet.

Bermuda und Fastnet Race bestimmten den Renntakt. Zwar waren die Distanzen mit unter 1000 Seemeilen recht kurz, aber die Herausforderung bestand in der Ausdauer. Die Wetterbedingungen konnten schlagartig von Flaute in Sturm umschlagen, wobei sich kurze, eiskalte Seen aufbauten. Mit Sydney-Hobart gesellte sich 1945 ein drittes Rennen in den Regatta-Kalender, wobei es in Länge und den äußeren Bedingungen mit den anderen beiden mithielt. Ausgetragen wurde es Ende Dezember und schon bald hatte sich aus dem Rennen die Großveranstaltung der südlichen Hemisphäre entwickelt. Die Crews waren den brutalen und unvorhersehbaren Wetterbedingungen der Tasmanischen See und der Bass Strait ausgesetzt.

In Vorwort zu Rob Mandles Buch „Fatal Storm" wird Sir James Hardy mit den Worten zitiert: „Unser Sport hat so viele Ziehkinder – Wagemut, Kameradschaft, Ausdauer und Risikobereitschaft, also alles, was der Ozean herausfordert. Und dies ist auch der Grund, warum viele von uns Langstreckensegeln so lieben." Anders ausgedrückt, waren es Wind und Wellen an sich, die die Segler vorantrieben. Die Ozeane wollten einfach bezwungen werden. Das Material macht riesige Fortschritte, und der Faktor Gefahr lässt sich vom Wettkampfgeist ohnehin nicht trennen. Dies alles spielte eine Rolle.

Die Anfänge der Einhand-Regatten

Erst um 1960 gab es die ersten Einhandregatten in Ost-West-Richtung über den Atlantik. Die Gründe lagen für den Organisator und Teilnehmer Blondie Hasler auf der Hand: „Erstens die Entwicklung von Booten, Ausrüstung und Techniken für Einhandsegler und zweitens der reine Sport. Natürlich musste es ein Rennen sein, denn nur der Wettkampf konnte auch Innovationen bringen. Eine Einhandregatta sorgt für Publicity und fördert den Wettkampfgeist. Und damit diese Entwicklung auch tatsächlich losgetreten wird, musste es eine Langstrecke mit möglichst rauen Segelbedingungen sein."

Hasler war allerdings realistisch genug zu wissen, mit welchen Reaktionen er in der Segelszene zu rechnen hatte: „Als ich mit Seglern darüber redete, war klar – die meisten Clubs würden mit Entsetzen auf meine Idee dieses doch unorthodoxen Rennens reagieren." Gesponsort wurde Hasler schließlich von der Zeitung „The Observer", da deren Sportchef ihn als Visionär betrachtete. Als das Rennen gestartet wurde, gingen fünf Teilnehmer einschließlich Hasler ins Rennen, der selbst

Blondie Haslers Yacht Jester – ausgestattet mit einem chinesischen Luggerrigg – beim Start zur ersten Ein-hand-Transatlantik-Regatta. Foto: Bridget Hasler

immer noch argwöhnisch die vorherrschende Meinung kommentierte: „Ich weiß, dass viele Segler gegen diese Idee sind. Ich kann ihre Meinung verstehen und ich glaube, dass sie nur darauf warten, Recht zu behalten."

In ihrem Buch „Blondie" fasste die Autorin Ewen Southby Tailyour die Erfolge der Teilnehmer zusammen: „Ohne ihren Abenteuergeist und ihren Mut müsste die Freude und Reinheit dieses Sports erst noch geboren werden. Im besten Fall hätte es bei der ablehnenden Presse und segelnden Öffentlichkeit noch Jahre gedauert. Wieder einmal ist es visionären Köpfen gelungen, ein unbekanntes Ziel zu erreichen und dabei zu triumphieren. Sie haben das Fundament für alle künftigen Einhandrennen gelegt. Die Seglergemeinschaft dieser Tage wurde mit ihrer Vorstellungskraft bis an die Grenzen strapaziert, da sie sich schwerlich in die Segler hineinversetzen konnte, die für lange Zeit in kleinen, verletzlichen Booten unter schwersten Bedingungen segelten und dabei auch noch einen Wettkampf untereinander austrugen."

Einhand-Weltumseglungen

Die Art und Weise, wie die Arbeit und der Antrieb Haslers dazu geführt hatte, dass Segler Einhand über den Atlantik um die Wette fuhren, beeindruckte auch Francis Chichester. Seinen Ideen verdankt die Segelgemeinschaft, dass das nächste Kapitel im Segelsport aufgeschlagen werden konnte (mehr dazu auch in Kapitel 7).

Bezeichnenderweise trägt das erste Kapitel des Buches „Mit der Gipsy Moth um die Welt" den Titel „Der Traum" und beschreibt den Entwicklungsprozess, den Chichester bis zu seinem nächsten Abenteuer durchmachte. Er dachte darüber nach, die Welt auf einer „interessanten und attraktiven" Route zu umrunden. Auch Kap Horn, das ihm seit Jahren nicht mehr aus dem Kopf ging, sollte endlich dazugehören. Damit sprach er den meisten Weltumseglern seiner Zeit aus der Seele, da alle davon überzeugt waren, dies sei die Hauptattraktion der Reise. Was ihn reizte, waren die extremen Bedingungen am Kap – der monströse ozeanische Schwell, kombiniert mit sehr starken Winden und steilen Seen, die sich donnernd vor ihm auftaten. Zugleich gab Chichester jedoch zu, dass allein die Aussicht ihm Angst mache. Kap Horn habe eine „faszinierende Ausstrahlung und ist wohl eine der größten Herausforderungen, die es in der Welt gibt."

Chichesters zweites Anliegen war auch die Geschwindigkeit. Er wollte derjenige sein, der die Strecke in der schnellsten Zeit zurücklegt, zu der ein kleines Boot in der Lage war. Mit nur einem einzigen Zwischenstopp in Australien beendete er 1967 im Alter von 66 Jahren seine Weltumsegelung. Es war eine außergewöhnliche Leistung, für die das Herz einer ganzen Nation schlug. Die Stimmung seinerzeit kommentiert Chay Blyth mit den Worten: „Sir Francis Chichester hat Standards gesetzt. Wir lebten in den 60er-Jahren... wir waren euphorisch, wir konnten alles machen – Rock 'n' Roll , Flower Power – in diesen Tagen waren wir wirklich euphorisch, das kann ich ihnen sagen. Und da segelte er um die Welt und legte nur einen Stopp ein – das war der echte Hammer."

Diese „Man kann alles erreichen"-Atmosphäre war wie dafür geschaffen, die Grenzen noch ein bisschen mehr zu überschreiten. Die „Sunday Times" initiierte die Golden Globe Challenge, bei der die Person prämiert werden sollte, die als Schnellste die Welt Einhand und Nonstop umsegelte. Insgesamt neun Teilnehmer – einschließlich Chay Blyth und Robin Knox-Johnston – stellten sich der Aufgabe. Beide werden mit dem Zitat in Verbindung gebracht, dass „eine Nonstop-Einhand-Weltumseglung so ziemlich das Einzige ist, was als Ziel überhaupt noch zu erreichen ist." Man schielte auf die Franzosen Tabarly und Moitessier und meinte etwas großspurig: „Es würde uns schon sehr wundern, wenn Franzosen als erste die Welt nonstop umrunden. Also wirklich – dies sollten schon die Engländer machen." Nicht einmal die Tatsache beeindruckte Knox-Johnston, dass er vergeblich nach einem Sponsor für ein neues Boot suchte. Weil er keine andere Wahl hatte, ging er mit seinem hölzernen Ocean-Racer Suhaili ins Rennen: „Was die Geschwindigkeit betrifft, habe ich nicht das richtige Boot. Aber was Seetüchtigkeit und die Tatsache angeht, wie gut ich mein Schiff kenne, mache ich mir keine Sorgen." Getrieben vom Ehrgeiz, als Erster anzukommen, und trotz seines langsamen Bootes stach Knox-Johnston Anfang Juni in See. Er war sich bewusst, dass er auf die Südmeere sehr früh in der Saison treffen würde, doch war er bereit, dieses Risiko auf sich zu nehmen.

Die Südmeere sind das Herz einer jeden Weltumsegelung. Robin Knox-Johnston: „Nirgendwo sonst ist die Natur so rau und so übermächtig. Die riesigen Wellen hier sind schon furchteinflößend... plötzlich wird man sich dieser Naturgewalten bewusst." Entscheidend für den Erfolg war die Entwicklung der Selbststeuerungsanlagen, auch wenn seine schon auf halber Strecke ihren Geist aufgab. Den Rest der Reise musste er von Hand steuern, wobei er versuchte, sein Boot so auszubalancieren, dass die Suhaili auf Kurs blieb und er bei allzu schwierigen Bedingungen beidrehte. Unterdessen musste ein Teilnehmer nach dem anderen die Segel streichen. Knox-Johnston wusste lange nicht, auf welcher Position er sich befand. Erst als Bernard Moitessier quasi im letzten Moment abdrehte, um seine Reise fortzusetzen und Kap Horn erneut zu umrunden, war für Knox-Johnston klar, dass er sich in Führung befand. Knox-Johnston beendete die Regatta und gewann die Golden Globe Challenge. Insgesamt war er 313 Tage allein auf See, eine erstaunliche Ausdauerleistung.

Knox-Johnstons Weltumsegelung war auch in anderer Hinsicht eine Besonderheit. Der Erfolg stellte sich nur deshalb ein, weil es sich um einen entschlossenen Mann handelte, der in der Lage war, sehr lange am Anschlag seglerische Höchstleistung zu bringen. Solche Menschen gibt es nicht oft, weshalb es normal war, dass nicht Hunderte von Seglern anschließend seinem Beispiel folgten. Doch es fand ein Umdenkungsprozess über das statt, was möglich ist. Unterstützt wurde dieser Umschwung durch die Überlegung Chay Blyths, seine erste Weltumsegelung entgegen der vorherrschenden Wind- und Strömungsrichtung unternehmen zu wollen. Dazu Chay Blyth: „Es handelt sich um eine Reise, die jeden fesseln dürfte und die zuvor noch niemand vollbracht hat. Möglicherweise ist es das letzte große Seeabenteuer unserer Zeit." Beharrlich begab er sich auf die Suche nach Sponsoren und machte sich schließlich mit der 59-Fuß-Ketsch British Steel auf die Reise. Es war ein Triumphzug trotz überwiegend schlechter Bedingungen. Am Ende hatte er Knox-Johnston sogar 21 Tage abgenommen.

J.R.L. Anderson verwendete im Vorwort zu Blyths Buch über den Trip klare Worte über jenen Mann, der diese „unmögliche" Reise auf sich nahm und die Wirkungen, die diese auf andere ausübte: „Die meisten unter uns – auch jene mit einer weiteren Sicht der Dinge – schränken sich ein. Diesem Zwang unterliegt Chay nicht. Er ist in der Lage, die Menschen von der Richtigkeit des Unternehmens zu überzeugen und dass eine solche Aufgabe auch vollbracht werden muss." Dieser Kommentar ist in der Knappheit seiner Worte durchaus angetan, die Hoffnungen einer ganzen Generation von Seglern auszudrücken. Sie sind alle im wahrsten Sinne des Wortes erstklassige Amateure, die dem Sport zuliebe am Wettkampf teilnehmen und nicht aus materiellen Beweggründen.

Mannschafts-Wettbewerbe

Der Durchbruch im Einhandsegeln brachte die nächste Herausforderung auf den Plan: Round-The-World-Regatten mit einer vollwertigen Crew. So meinte Knox-Johnston, der mit der Ausrichtung der ersten Whitbread-Regatta betraut war: „Ich glaube, man muss Schranken überwinden, so dass Menschen Dinge in Betracht ziehen, über die sie noch nie nachgedacht haben." Man hätte einen für verrückt erklärt, wenn man gesagt hätte, dass eine 12-Mann-Crew in der Lage sei, unter den beengten Bedingungen einer Regattayacht langfristig und unter extremen Wetterverhältnissen gut zu funktionieren.

Das erste Whitbread-Rennen brachten Anthony Churchill und Guy Pearce auf den Weg. Die Royal Naval Sailing Association fungierte als Ausrichter und Whitbread als Sponsor. 17 Yachten gingen an den Start. Blyth hatte ein Team von Fallschirmjägern für seine Crew ausgesucht, da er erstens der Ansicht war, dass nur sie eine einjährige Auszeit nehmen konnten, sie zweitens darauf trainiert waren, außerordentliche geistige und körperliche Härten auszuhalten, und sie drittens eine bekannte Größe waren. Blyth nahm sich alle Zeit, um mit den Fallschirmspringern, die er ausgewählt hatte, zu trainieren: „Sie wurden wirklich hart rangenommen. Das Motto, das dahintersteckte, lautete: Du kannst es, du musst nur noch einen Schritt weiter gehen. Der Kopf gibt immer schneller auf als der Körper. Das ist wirklich wahr. Wenn du in der Lage bist, dich selbst noch ein wenig mehr anzutreiben, der Körper wird dem Geist mit Sicherheit folgen."

Blyth stellte ein Trainingsprogramm zusammen, in dem er eine eigene Team-Übung erfand. Mit einer Truppe von 20 Fallschirmspringern quartierte er sich für 14 Tage in einem Zwei-Zimmer-Häuschen ein, was ungefähr dem Leben an Bord entsprach. Ein Bad, beenge Schlafmöglichkeiten, keine Verbindung nach außen sowie für jeden ein spezifisches Programm, das er zu erfüllen hatte. Vor dem Rennen wurde schließlich noch ein psychologischer Test mit Blyth und der Crew

Chay Blyth macht seinen Weg durch schwere See während seiner westlichen Non-Stop Einhand-Welt-umsegelung.

durchgeführt, bei dem allerdings herauskam, dass Blyth selbst für einen Langtörn nicht die geeignete Persönlichkeit besaß!

Kurz – Blyth hatte eine Gruppe von Soldaten – keiner von ihnen war ursprünglich Segler – zu einem effektiven Team zusammengeschweißt. Länge und Anspruch des Whitbread Race war zuvor niemals getestet worden, erst recht nicht mit einer ganzen Mannschaft. Blyths Ziel war es, mit seiner Great Britain II den Sieg einzufahren. Ein Ziel, das er auch erreichte – und dies trotz der Tatsache, dass es zu Nahrungsmittel- und Wasserengpässen gekommen war. Während des Rennens gingen insgesamt drei Männer über Bord und kamen ums Leben. Dieser im Jahr 1973 erlittene Verlust ist Mahnung für jeden, dass die Gefahren beim Extremsegeln überall und dauernd lauern. Blyth brachte die Einstellung aller Teilnehmer auf den Punkt: „Man muss ja nicht daran teilnehmen. Man kann sich auch Wolle kaufen und im Wohnzimmer sitzen. Das ist das Risiko, das wir eingehen. Indem man teilnimmt, geht man auch die damit verbundenen Risiken ein."

Die Ethik der frühen Whitbread-Regatten hat mit dem aktuellen Profisegeln offensichtlich nichts mehr zu tun. Bereits vor seiner zweiten Whitbread-Teilnahme im Jahr 1977 schrieb Knox-Johnston, er werde auf keinen Fall jemanden ohne Segelerfahrung mitnehmen: „Ich erwarte, dass die Crew niemals das Verantwortungsgefühl für das Boot und die Regatta aus den Augen verliert." In einem anderen Kommentar erklärte Knox-Johnston, warum es ihm so wichtig war, dass jeder Teilnehmer das Whitbread-Rennen als äußerst ernste Regatta akzeptierte: „Den Booten wird die Höchstleistung abverlangt. Da darf man sich nicht zurückhalten, um sich selbst zu schonen." Im gleichen Kapitel erzählt er, dass bei einer Gelegenheit ein Crewmitglied die elektrische Säge herausgeholt hatte, um Löcher ins Kabinendach zu schneiden und damit die Lüftung zu verbessern!

Vom Amateur zum Profisegler

Extremsegeln war in den 70er-Jahren immer noch die Sache von leidenschaftlichen und fähigen Amateuren. Der Journalist David Glenn behauptet in der Januar-Ausgabe 2000 der Zeitschrift „Yachting World", dass der Eintritt von Profiseglern in die Yachtszene eng mit den Designveränderungen in dieser Zeit verbunden waren und sie von den damaligen Wettfahrtregeln profitieren wollten. Der Schwerpunkt verlagerte sich mehr und mehr in Richtung Geschwindigkeit bei gleichzeitig leichter werdenden Konstruktionen. Die Crew wurde Teil dieser Entwicklung, da sie mehr denn je als beweglicher Ballast angesehen wurde. David Glenn: „Es macht nicht viel Spaß, auf einer extremen Rennyacht zu segeln, es sei denn, man wird dafür bezahlt." Der Profistatus wurde nicht zuletzt durch die Tatsache zementiert, dass das Sponsorinteresse für große Events und Rennen anstieg, was zusätzlich mit einer größeren Öffentlichkeit einherging. Dies erklärt, warum ein Rennen wie das Whitbread und heutige Volvo Ocean Race immer professioneller wird: Corporate Identity, gut bezahlte Skipper und Crewmitglieder und der Anspruch, aus einem High-Tech-Boot das Maximum herauszuholen.

Das Streben nach Geschwindigkeit

Mit fortschreitender Technik sorgt auch das Streben nach immer höheren Geschwindigkeiten für einen gewissen Glamoureffekt in der Yachtszene. In den 80er-Jahren machten die Franzosen große Fortschritte beim Multihull-Design und den damit verbundenen Konstruktionen. Die Jagd nach Transatlantik-Rekorden entpuppte sich als fairer Wettkampf. Den ersten Rekord heimste 1980 Eric Tabarly auf seinem Trimaran Paul Ricard ein, als er kaum mehr als zehn Tage für den Trip benötigte. Zehn Jahre später unterbot ihn Landsmann Serge Madec auf Jet Services V, der nur sechseinhalb Tage unterwegs war. Bei der Weymouth Speed Week, in deren Verlauf mit extremen Konstruktionen schon viele Rekordgeschwindigkeiten aufgestellt wurden, steht die derzeitige Marke knapp über 45 Knoten. Den Weltrekord für die längste Strecke, die in 24 Stunden zurückgelegt wurde, stellte bei der Regatta The Race der Maxi-Katamaran Club Méd mit 625 Meilen auf.

Die Kombination zwischen zwischen Geschwindigkeit und Langstrecke findet ihren Höhepunkt bei der Anfang der 90er-Jahre ins Leben gerufenen Jules-Verne-Trophy. Multihulls segeln nonstop um die Welt und versuchen, die Marke von 80 Tagen zu unterschreiten. Den ersten Triumph feierte Bruno Peyron 1993 mit seiner Commodore Explorer, der die Rekordmarke von 109 auf 79 Tage herunterschraubte. Auch diese Marke wurde schon im folgenden Jahr unterboten, diesmal von Robin Knox-Johnston und Peter Blake auf der Enza New Zealand. Knox-John-

Die Great Britain II beim Start zum Whitbread Race 1973. Die Mannschaft bestand aus Fallschirmjägern, die aber erst von Chay Blyth zu Seglern ausgebildet wurden. Auch durchliefen sie ein Psychoprogramm, um an diesem Weltklasse-Event teilnehmen zu können. Foto: Christopher Waddington

ston fasste seine Gedanken zusammen: „Du denkst, du hast dieses schnelle Boot und du musst es bis zum Limit ausreizen. Wenn du es schaffst, öfter mal 24 Knoten zu erreichen, dann werden es im Schnitt sicher 19 sein... Das war unglaubliches Segeln. Das war so gut, einfach ein großes, ein fantastisches Gefühl." Sagts und fügte noch hinzu: „Obwohl acht starke Charaktere eng auf eng zusammenlebten, was normalerweise die idealen Voraussetzungen für Streit und Spannung sind, kamen wir auf dem ganzen Törn ziemlich gut miteinander klar."

Kommando zurück

Man hatte sich gerade daran gewöhnt, dass die Segelzukunft sich offensichtlich nur noch in der Hand von gesponsorten Profis befindet, die unter sich die Transocean- und Round-The-World-Regatten ausmachen, da überraschte Chay Blyth die Öffentlichkeit mit der Ankündigung eines völlig neuen Regatta-Typus: der British Steel Challenge. Tatsächlich stellte sich diese Regatta als Fortsetzung der persönlichen Ansprüche und Leistungen Blyths heraus. Es ging darum, einer zahlenden Kundschaft die Möglichkeit des Extremsegelns zu bieten. Auf identischen Stahlyachten sollten Amateure ohne seglerische Vorbildung gegen die vorherrschenden Wind- und Strömungsverhältnisse in einer Wettfahrt um die Welt segeln. Nicht zum ersten Mal zeigte sich das Segel-Establishment ob dieses Konzepts mehr als skeptisch. Es fiel schwer, eine Idee zu sanktionieren, bei der Amateure durch die schwierigsten Seegebiete der Erde gegeneinander segeln sollten. Doch die Interessenten kamen in Scharen – 1992 immerhin 2000 Anwärter für 110 verfügbare Plätze. Bei der BT Global Challenge waren es sogar 5000 Interessenten.

Mit Chay Blyths Entschluss, extremes Segeln einem breiteren Amateur-Publikum zu ermöglichen, das nach Abenteuer und Herausforderung hungert, schließt sich der Kreis: „Was Blyth mit dieser ‚härtesten Regatta der Welt' anbietet, ist eine Herausforderung für jedermann, das größte Abenteuer, das man in seinem Leben haben kann. Es ist die einmalige Gelegenheit, um die Welt zu segeln." Das nachfolgende Zitat spiegelt den Abenteuergeist wider: „Sie waren da, um ... Angst zu empfinden, ehrfürchtig zu sein und um die Anstrengung als Gegenpol zur Selbstgefälligkeit des Alltags zu spüren."

Immer wieder setzte sich Chay Blyth dafür ein, dass sich die Einstellung gegenüber dem Segeln ändert: „Es kann nicht sein, dass Langstrecken-Segeln ein elitärer Sport ist, der nur von Profis und von wohlhabenden Amateuren ausgeübt werden kann." Dank seines Einflusses sind die Dämme gebrochen. Sein Challenge Business umfasst inzwischen eine ganze Reihe von Veranstaltungen. Selbst in Amerika bietet er sie an. Mit jedem einzelnen Rennen wurde das Training der Skipper und der Crews weiter verbessert. Es befindet sich im Einklang mit weltweit anerkannten Trainingsmethoden.

Extremsegeln heute und morgen

Moderne Segler, die sich an die Grenzen des Möglichen begeben, setzen mehr und mehr auf Trainingseinheiten, um den physischen wie seelischen Belastungen einer Langstrecken-Regatta standhalten zu können. Die Open-60-Yachten sind auch zunehmend komplexe Einheiten. Einhand-Regatten wie das BOC/Around Alone oder die Vendée Globe stellen höchste Anforderungen an Körper und Geist. Radikale Design-Fortschritte, wie sie zum Beispiel bei The Race riskiert wurden, veranlassten einen Pete Goss zu folgender Aussage: „Hierbei handelt es sich nicht mehr um eine Segelregatta. Es gleicht eher den Anfängen des Weltraum-Wettrennens, bei dem verschiedene Aspekte der Technik in den Hintergrund rücken, weil man in eine unbekannte Welt vorstößt."

Extremes Segeln beginnt zunächst im Kopf, wenn die Grenzen des Vorstellbaren verschoben werden und man Ziele anvisiert, die noch nie erreicht wurden. Die Ozeane dieser Welt sind der beste Tummelplatz, wenn es darum geht, Träume wahr werden zu lassen. Unter den Menschen wird es stets jene Persönlichkeiten geben, die mit ihrem Kopf und ihren Fähigkeiten in der Lage sind, bei Wind und Wellen das Maximum aus einem Segelboot herauszuholen. Persönlichkeiten, die sich nicht scheuen, an die Grenzen und darüber hinaus zu gehen. Man mag sich die Zukunft zwar noch nicht recht vorstellen können, aber es werden jene von Abenteuergeist erfüllten Segler sein, die die Herausforderung annehmen und nach der Spitze der menschlichen Leistung streben.

Soll man die Yacht aufgeben?

Ros Hogbin

Sie waren zwar selten, dafür aber umso heftiger – die Auswirkungen besonders schwerer Stürme bei Langstrecken-Regatten. Traurige Berühmtheit erlangten das Fastnet Race von 1979 und das Sydney-Hobart Race von 1998. Fast wie eine Entschuldigung liest sich auch über 20 Jahre nach dem Unglück der Fastnet-Untersuchungsbericht: „Die Folgen dieses Rennens können nicht mit früheren Rennen verglichen werden, da niemals mehr als ein Mensch ums Leben kam. Auch wurden zuvor noch nie Yachten in dem bekannten Ausmaß aufgegeben." Der Bericht von John Rousmanieres, Fastnet Force 10, sowie das Buch von Bob Fisher, The Fastnet Desaster and After, geben einen gut recherchierten Überblick über alle Einzelheiten des Sturms von 1979 mit seinen physikalischen Auswirkungen auf die Yachten. In diesem Kapitel beziehe ich mich ausdrücklich auf diese Berichte. Von den 303 Yachten, die an den Start gegangen waren, kamen nur 85 ins Ziel. 136 Personen wurden von insgesamt 24 aufgegebenen Yachten geborgen, 15 Menschen kamen ums Leben. Von den 24 aufgegebenen Yachten gingen tatsächlich nur fünf verloren. Man geht davon aus, dass sie sanken. Die anderen 19 Yachten wurden geborgen.

Welchen Bedingungen waren die Segler ausgesetzt? Was verursachte bei ihnen so viel Angst, dass sie ihre Fähigkeiten verloren, damit fertig zu werden bzw. Entscheidungen zu treffen? Warum – so stellt sich die Frage – überließen die Segler ihre Yacht der See und vertrauten sich den empfindlicheren Rettungsinseln an? Und was macht uns so sicher, dass wir in derselben Situation möglicherweise anders entschieden hätten?

Die äußeren Umstände des Fastnet-Sturms

In der stärksten Phase des Sturms wurden Windstärken von 10 bis 11 verzeichnet, wobei einige Skipper sogar von Orkanstärken mit Windgeschwindigkeiten über 70 Knoten sprachen. Die Windrichtung war umlaufend, wobei die ersten Sturmböen aus südlichen Richtungen kamen und riesige Wellenberge auftürmten. Über Nacht drehte der Wind auf Nordwest. Die Beaufort-Skala spricht bei Windstärke 10 per Definition von „sehr hohen Wellen mit brechenden Kämmen und Gischt, die in Streifen in Windrichtung auswehen. Die Wellen selbst sind schwer mit harten Stößen, die Sicht ist eingeschränkt." Windstärke 11 wird gar mit „außergewöhnlich hohen Wellen und einer See" beschrieben, „die von Gischt überdeckt ist. Die Sicht ist noch stärker eingeschränkt."

Mögen diese Verhältnisse für sich schon Besorgnis erregend sein, im Fall des Fastnet-Sturms 1979 sorgten die umlaufenden Winde dafür, dass sich Seen aufbauten, die aus mehr als einer Richtung kamen. Ein Skipper beschrieb die Situation wie folgt: „Wellen aus der einen Richtung brachen, während sie mit Wellen, die aus einer anderen angerollt kamen, zusammenstießen. An dieser Stelle geschahen beängstigende Dinge." Etliche Skipper sprachen von den höchsten Wellen, die sie je erlebt hatten. Höher und konfuser noch als jene Wellen, wie sie in den Südmeeren oder um Kap Horn vorkommen. Chaotische Kreuzseen, die in alle Richtungen brachen. Durchschnittlich waren sie 50 bis 60 Fuß hoch und verursachten schwere Schäden bzw. Verletzungen der Crew.

Das Gewicht eines durchschnittlichen Brechers, der mit einer Geschwindigkeit von bis zu 30 Knoten anrollt, beträgt rund zehn Tonnen. Einige der kleineren Yachten konnten schwerlich Gewalten über sich ergehen lassen, die zwei Mal schwerer waren als sie selbst. Dies machte sie bei diesen Bedingungen besonders anfällig. Tatsächlich fielen die Schäden bei den größten Yachten vergleichsweise gering aus. Das ein oder andere Carbon-Ruder hielt den hämmernden Seen nicht stand. Die kleineren Yachten waren den Gewalten überproportional ausgesetzt und die Wahrscheinlichkeit des Durchkenterns umso höher.

48 Prozent der Crews gaben an, dass ihre Yacht zumindest flach aufs Wasser gedrückt wurden. Manche Yachten kenterten komplett durch und blieben zwischen 30 Sekunden und fünf Minuten in dieser Position. Die meisten Mastbrüche passierten auf den Yachten, die durchgekentert waren. Derartige Schäden entstanden in der Regel, nachdem sich riesige Wassermassen über das Rigg ergossen. Die einwirkenden Kräfte müssen auch ohne Kenterung gewaltig gewesen sein, wie folgendes Zitat beweist: „Der Mast schüttelte sich mit einer Gewalt, dass das Backstag und die Wanten rissen."

Mochten schon die Folgen eines Mastbruchs eine Katastrophe sein, so waren auch die Ereignisse unter Deck nach einer Kenterung im gleichen Maße demoralisierend wie gefährlich. Küchenherd und Batterien flogen aus ihrer Verankerung, Schränke gingen auf und leerten ihren Inhalt aus. Aufgerissene Schotten machten den Weg frei für Unmengen von Wasser. Auf einer Yacht entleerte sich der Inhalt der Abwassertanks und ergoss sich über Kleidung, Kojen und Ausrüstung.

Fastnet-Segler auf kleineren Yachten

„Das Fastnet Race gilt als besondere Herausforderung für Langstreckensegler in britischen Gewässern... Auch wer zum Spaß mitsegelt, sollte dies im Bewusstsein tun, dass er höchsten Gefahren ausgesetzt sein kann." Jeder Teilnehmer am Fastnet Race war sich stets sehr bewusst darüber, dass eine derartige Blauwasserregatta sehr riskant ist. Und vielleicht liegt darin genau der Reiz – zu wissen, dass der Wind gezähmt werden kann, dass Menschen in kleinen Booten Wellen abreiten, dass die

Segel für ein Maximum an Geschwindigkeit getrimmt werden und dass man gegeneinander in Wettstreit tritt. Viele Fastnet-Teilnehmer sind Amateure, die sich eine Woche frei nehmen, nur um ihren Alltag gegen Kälte und Feuchtigkeit einzutauschen. Segeln ist ihre Leidenschaft und bei einer Regatta geht es um Teamarbeit, um Leistung, um kalkulierbare Risiken und einfach um die natürliche Umgebung.

Wie immer bereiteten sich alle Skipper und Crews nach bestem Wissen auf das Fastnet Race 1979 vor. Immer heißt in diesem Zusammenhang: so wie jedes Jahr zu diesem Event. In dem Maße, wie die Yachten sich in Größe und Design unterschieden, waren auch die Crews zusammengestellt – vom Regattaveteranen bis hin zum Segelanfänger war alles vertreten. Es blieb den Skippern überlassen, sich um Sicherheitsstandards, um Aspekte der Seemannschaft und um die Navigation zu kümmern. Teilnahmevoraussetzungen für Skipper und Crews gab es nicht. Der gesamte Druck der Verantwortung lastete auf den Schultern der Skipper.

In den 14 vorangegangenen Jahren bestimmten leichte bis mittlere Wetterverhältnisse das Fastnet Race. Sturmböen gab es natürlich auch vor diesem Rennen, aber einen wirklich ernst zu nehmenden Sturm hatte man letztmalig 1957 erlebt. Es mag sein, dass 1979 das Gefahrenbewusstsein unter den Skippern einfach nicht ausgeprägt genug war. Doch unabhängig davon waren die Verhältnisse, denen sie ausgesetzt waren, jenseits jeglicher Erfahrung und Vorstellungskraft.

Nicht verschwiegen werden darf die Tatsache, dass für das Regattagebiet Sturmböen angekündigt waren, auch wenn dies im völligen Gegensatz zu den anfänglich angenehmen Segelbedingungen stand. Der Schock kam in der Nacht, als der vorhergesagte Sturm plötzlich aufkam und auf Windstärke 10 anwuchs. Wegen der umlaufenden Winde entwickelten sich tumultartige Kreuzseen. Das Werk der Zerstörung hatte begonnen.

Mitten im Sturm

Auswirkungen auf Skipper und Crew

Die kleineren Yachten litten überproportional unter den gewaltigen Seen. Um noch einen Rest an Kontrolle wahren zu können, wandten die Crews unterschiedliche Methoden an. Während die einen Sturmsegel setzten, trieben die anderen vor Topp und Takel, manche drehten auch bei. Ganz gleich, welche Taktik angewendet wurde – jede hatte ihre Grenzen und bot in keinem Fall Schutz vor den brechenden Wellen. Noch dazu konnte man in der Dunkelheit kaum etwas sehen; die Yachten waren den Gewalten jederzeit ausgesetzt.

Fast die Hälfte der Flotte legte sich zumindest flach aufs Wasser, was sich fatal auf den Zustand der Yachten auswirkte. Etliche Crewmitglieder wurden über Bord gewaschen und hingen nur noch an ihrem Sicherheitsgurt. Manche rollten zurück auf ihr Boot, als es sich wieder aufrichtete. Manche hingen mit dem Kopf nach unten über der Reling, andere wurden mit ihrem Lifebelt durchs Wasser geschleift. Fast zehn Minuten dauerte es, bis man einen Skipper wieder an Bord hieven konnte, obwohl er bereits längsseits lag und sich mit seinen Füßen an der Fußreling festklammerte. Eine Yacht kenterte insgesamt fünf Mal durch. Mehrfach wurde die Crew aus dem Boot geschleudert, um dann wieder zurück ins Cockpit zu fallen. Ein Kampf auf Leben und Tod, je öfter es zur Kenterung kam.

Einige Yachten lagen nur Sekunden mit dem Kiel nach oben, andere minutenlang. Manche Crewmitglieder fanden sich unter dem Rumpf wieder und atmeten die Luft in den Hohlräumen, die sich im Cockpit gebildet hatten. Einigen gelang es, heraus zu tauchen, ihren Sicherheitsgurt zu lösen und sich frei zu schwimmen. Ebenso katastrophal waren die menschlichen Verluste, die sich nur wegen versagender Sicherheitsgurts oder deren Befestigung ereigneten. Eine Yacht drehte sich langsam um 360°. Noch während die Crew versuchte, Wasser aus dem Rumpf zu schöpfen, wurde ihre Yacht von einer weiteren Welle erfasst und erneut um die eigene Achse geschleudert. Die drei Männer im Cockpit gingen über Bord, einer wurde weggerissen. Ein Crewmitglied einer anderen Yacht hatte einen Knoten im Sicherheitsgurt. Als eine Welle auf ihn stürzte, riss sein Gurt, er fiel von Bord und verschwand.

Wieder eine andere Yacht drehte sich um 180° und verharrte ein paar Minuten in dieser Lage. Ein Crewmitglied durchschnitt den Sicherheitsgurt seines Skippers, um diesen wieder an die Oberfläche zu bringen, doch konnte er ihn nicht halten und der Skipper wurde weggespült. Auf einem Boot, das sich ebenfalls überschlagen hatte, kletterte ein Mann wieder ins Cockpit. Auch hier war der Skipper nicht mehr an Bord, wohl aber sein eingehakter Sicherheitsgurt. Als zwei Männer von einer Welle erfasst wurden und über Bord gingen, versuchte der Skipper so gut wie möglich auf sie zuzuhalten. Einer verschwand in den Wellen und tauchte nicht mehr auf. Der andere war nur noch wenige Meter entfernt, als die Yacht erneut von einer Welle getroffen wurde und das Boot dann auf den Mann stürzte. Auch er verschwand in den Wellen.

Auch die Crewmitglieder unter Deck waren nicht vor Verletzungen gefeit. Ein Skipper, der einen Notruf absetzen wollte, wurde von einem herumfliegenden Topf getroffen und fiel infolge dessen in Ohnmacht. Ein anderer Mann hatte sich bei einer Kenterung eine tiefe Platzwunde zugezogen, wieder ein anderer erlitt einen Schädelbruch. Viele Crews waren nicht in Überlebenstechniken geübt und ihr Leidensweg wurde noch durch Seekrankheit, Erschöpfung und Unterkühlung erschwert.

Die meisten Segler haben schon das eine oder andere Mal unter Seekrankheit gelitten. Die brutalen Bewegungen während dieses Sturms verschlimmerten die Anfälligkeit, weshalb die Seekranken mehr als sonst unter Apathie, Angst und Depressionen litten. Viele waren einfach auch deshalb erschöpft, weil sie sich Verletzungen zugezogen hatten und unter den dauernden Schlägen des Bootes litten. Ihre Konzentrationsfähigkeit war angesichts der Tatsache am Ende, dass sich alles um sie herum in völliger Dunkelheit befand. In vielen Fällen machten sich Kälte und Unterkühlung bemerkbar.

Die Wassertemperatur betrug etwa zehn Grad. Unter diesen Bedingungen kann ein Mensch maximal drei Stunden überleben. Bei fünf Grad reduziert sich die

Überlebenschance auf knapp eine Stunde. Wenn die Körpertemperatur auf unter 33° abfällt, versagt auch der körpereigene Regulierungsmechanismus. Sinkt sie gar auf 25 Grad ab, stirbt die Person. Unterkühlungssymptome werden durch Wind noch verschärft.

Auswirkungen auf die Psyche der Skipper und der Crews

Kurz vor jenem tragischen Fastnet-Rennen waren die Crews guter Stimmung. Alle wollten das Beste aus ihrem Boot herausholen und die Konkurrenz schlagen. Die Vorhersagen warnten vor kaum mehr als einer Sturmböe, so dass die Crews sich in falscher Sicherheit wiegten – nicht zuletzt auch, weil man die guten Segelbedingungen und Wetterverhältnisse der Vorjahre im Sinn hatte. Viele Crews wollten sich auch nicht mit aufkommendem schlechtem Wetter abfinden. Insgesamt war ihre Einstellung hoch konzentriert und man wollte sich von nichts ablenken lassen. Selbst als sich das Wetter bereits verschlechterte, reagierten die Crews nur mit routinemäßigen Manövern, die sie auch bei früheren Gelegenheiten durchgeführt hatten. Weitergehende Konsequenzen blieben aus.

Peter Blake schrieb in seinem Buch übers Schwerwettersegeln, was einem durch den Kopf geht, wenn schlechte Bedingungen bevorstehen: „Ich bekomme dann ein flaues Gefühl im Magen. Fragen schießen mir durch den Kopf – was werden die nächsten 24 Stunden so bringen? Ist das Boot richtig gerüstet? Stimmt die Wettervorhersage? Sind wir weit genug draußen auf See? Ist an Deck alles gut verstaut?" Selbst Segler mit weit weniger Erfahrung als Peter Blake würden all diese Fragen bei der Vorbereitung einer Regatta überdenken. Sie wären vorbereitet auf alles, was die Natur ihnen zu bieten hatte.

Doch die Verhältnisse beim Fastnet Race 1979 verschlechterten sich weit dramatischer als die Teilnehmer sich dies vorstellen konnten. Das Leben an Bord der kleinen Yachten wurde sehr unbequem. In diesem Zusammenhang ist es ein normaler Prozess, dass sich das persönliche Unbehagen angesichts der äußeren Umstände negativ auf die Konzentration des gesamten Teams auswirkte. Der starke Sturm war verantwortlich für großes Durcheinander, zerstörte Ausrüstung, verletzte Menschen und sorgte im Extremfall sogar dafür, dass Crewmitglieder über Bord gingen. Unter diesen katastrophalen Bedingungen baute sich Stress gefährlich hoch auf. Die geistigen Reserven verbrauchten sich erstaunlich schnell und die Crews waren mehr und mehr demoralisiert.

Mit einsetzendem Sturm geht die anfängliche Freude über den zunehmenden Wind und die höhere Geschwindigkeit sehr schnell in Angst und bei vielen auch in Seekrankheit über. Zwar sind die physikalischen Folgen von Übelkeit unangenehm, weitaus gefährlicher aber sind deren seelische Auswirkungen. Seekrankheit dominiert die von ihr befallene Person ganz und gar und entzieht ihr die Fähigkeit, rational zu denken und zu urteilen. Diese Personen wollen nur ruhig und still liegenbleiben. Sie haben keinerlei Interesse an der Sicherheit des Bootes und der Crew. Ähnliche Effekte sind auch bei Unterkühlung zu beobachten. Der Überlebenswille nimmt ab und der Patient ist in sich gekehrt.

Was die Crews während des Fastnet Race am meisten belastete, war, dass sie auseinander gerissen wurden. Die Moral war auf dem Nullpunkt. Die Crews waren geschlagen, geistig wie körperlich, und sie waren verängstigt. Skipper – soweit sie nicht verletzt waren – versuchten mit der anormalen Stresssituation fertig zu werden, indem sie die Verantwortung auf sich nahmen und Überlebenstaktiken entwickelten. Dies klappte in der Regel selbst dann, wenn diese Taktiken niemals geübt wurden.

Mit zunehmender Anspannung wird der menschliche Körper von Hormonen überschüttet, die nur folgende Botschaften aussenden – flüchten oder kämpfen. Sie sorgen zwar dafür, dass die Aufmerksamkeit steigt, können aber auch dazu führen, dass man eine Situation völlig falsch einschätzt. Das Ergebnis ist Verwirrung, Panik und vorschnelle Entscheidungen.

Zu einer dieser Fehlentscheidungen kam es, als ein Crewmitglied nach dem Kentern über Bord gespült wurde, da sich sein Sicherheitsgurt gelöst hatte. Regungslos trieb der Unglückliche im Wasser und drei Mann-über-Bord-Manöver scheiterten. Beim dritten Anlauf jedoch machte sich ein anderes Mitglied der Crew, das von den vergeblichen Versuchen offensichtlich verzweifelt war, daran, seine Schwerwetterkleidung auszuziehen, um danach ins Wasser zu springen und zu dem bewusstlosen Mann zu schwimmen. Diese spontane Reaktion war angesichts der stürmischen Umstände und des hohen Wind-Chill-Faktors (Auskühlung) außerordentlich riskant und leichtsinnig. Schließlich verfehlte er auch noch das über Bord gegangene Crewmitglied, das von einer Welle weggetrieben wurde. Ein anderes Mitglied aus der Crew versuchte den Schwimmer davon zu überzeugen, dass der Erste tot sei und er nicht gerettet werden könne. Schließlich schwamm er völlig verwirrt zurück in Sicherheit an Bord. Da er nun unter Unterkühlung und einem Schockzustand litt, musste die Crew einen Notruf absetzen. Per Hubschrauber wurde er geborgen und zur Küste geflogen.

Überlebenswille dominierte bei den meisten betroffenen Skippern. Doch wie schafften sie es, ihre Crew aus der schrecklichen Situation zu befreien, die scheinbar eine Ewigkeit gedauert hatte?

Aufgeben der Yacht?

Kämpfen oder Flüchten

Selbst für jene Skipper, die im Vorwege einen Ernstfall mit ihrer Crew besprochen hatten, überstieg die entstandene Situation jeden nur vorstellbaren Notfall. Einige Crewmitglieder zeigten sich den psychologischen Schwierigkeiten besser gewachsen als andere. Grundsätzlich gilt: Ganz gleich, in welcher körperlichen Verfassung der Schiffbrüchige sich befindet, seine Überlebenschancen werden geschwächt, wenn er nicht in der Lage ist, sich geistig auf die Situation einzustellen und Überlebenswillen zu zeigen... Schiffbrüchige mit physischen Schwächen, aber starkem Überlebenswillen können sehr lange überleben, während weniger starke Persönlichkeiten schneller aufgeben und untergehen. Eine positive Grundeinstellung ist zwingend erforderlich, will man die Situation überstehen. Es haben mit Sicherheit mehr Menschen ihr Leben auf See verloren, weil sie eine negative Grundeinstellung zum Überleben hatten als Menschen, die nicht wussten, wie sie mit der Rettungsausrüstung umgehen sollten. Wenn es zu einem Notfall kam, waren sich die wenigsten Crews darüber bewusst, welch wichtige Rolle ihre Einstellung zum Überlebenskampf spielt.

In Vorschriften über die Sicherheit auf Schiffen und der Crew ist zu lesen, dass der Skipper stets die Person sein sollte, die am besten den Überblick behält und abhängig von den Umständen eine Entscheidung fällt. Logisch betrachtet, gibt es nur drei Hauptgründe, warum man seine Yacht aufgeben sollte:

- im Fall von Feuer
- wenn die Yacht nicht mehr zu steuern ist bzw. einen Mastbruch erlitten hat und auf die Küste zutreibt
- wenn das Boot kurz davor ist, unterzugehen

Der bereits erwähnte Fastnet-Untersuchungsbericht stellte einen unmittelbaren Zusammenhang zwischen Kenterungen und der Entscheidung fest, die Yacht aufzugeben. Zweifellos sind es grauenhafte Erfahrungen, wenn man miterleben musste, wie die Yacht sich um die eigene Achse dreht oder man unter Deck herumgewirbelt wird. Sehr leicht wird klar, inwieweit Kälte die rationalen Entscheidungen einer verwirrten und panischen Crew beeinflusst. Hinzu kommen Faktoren wie Verletzungen, Seekrankheit oder womöglich gar der Verlust eines Crewmitglieds. Es ist sehr einfach nachzuvollziehen, wie sehr die physische und psychische Bedrohung einen Skipper oder die Crew glauben läßt, dass das Schiff wegen einer entmasteten Yacht oder einer teilweise überfluteten Kabine sinkt – oder sinken wird. Viele Fragen schießen einem durch den Kopf: Wieviel Wasser muss in das Boot eindringen, bis es sinkt? Wie könnten wir effektiv das Wasser hinaus pumpen? Können wir solange pumpen, bis Hilfe zur Stelle ist? Ist überhaupt jemand körperlich in der Lage, das Wasser abzupumpen? Wie lange müssen wir in dem zerstörten Boot ausharren? Was ist, wenn der Wind uns auf die Küste treibt?

Insgesamt 24 Yachten wurden aufgegeben. 17 von ihnen wurden bewusst verlassen, als klar war, dass Hilfe in Kürze eintreffen würde. Sechs Yachten wurden auf bloßen Verdacht hin verlassen. Zwei von diesen Yachten sanken, zwei weitere waren so beschädigt, dass man von ihrem Untergang ausgehen konnte. Die letzten beiden aufgegebenen Yachten blieben vollkommen unbeschädigt. Mit anderen Worten – die extreme Situation an Bord verhinderte die klare Überlegung, dass ein Bootsrumpf immer noch sicherer in einem Sturm bestehen kann als eine Rettungsinsel.

Tatsächlich waren 1979 viele Crews davon überzeugt, dass ihr Boot unter ihnen versinken werde. Sie trauten ihrer Yacht keine nochmaligen Kenterungen und die Fähigkeit zu, weiter zu schwimmen. Auf anderen Yachten litten die Crews unter schweren Verletzungen, waren seekrank, unterkühlt oder einfach erschöpft. Sie

Die entmastete und nordwestlich der Scilly-Inseln aufgegebene Yacht Ariadne. Ihr Rumpf überstand den Sturm, doch vier Crewmitglieder kamen ums Leben. Foto: Andrew Besley

glaubten – vielleicht auch nur unterbewusst -, dass der Kampf nicht mehr zu gewinnen war und ihnen verblieb als einzige Option die Flucht. Allerdings war auch nicht jeder in der Lage, seine Yacht zu verlassen. Eine Rettungsinsel zum Beispiel löste gar nicht aus. Von einem anderen Boot, das den Mast verloren hatte, sollte das erste Crewmitglied per Helikopter geborgen werden. Doch statt dessen schwamm er von der Yacht weg und versuchte 20 Minuten lang, das Rettungsgeschirr über seine dicke Rettungsweste anzulegen. Schließlich wurde er doch gerettet. Mit bloßen Händen hielt er sich am Rettungskabel fest. Die restliche Crew stellte sich cleverer an und ging das Risiko ein, bis zu ihrer Rettung an Bord zu bleiben.

Der Skipper einer Yacht wurde nach einer Kenterung von Bord gespült, während sich zwei weitere Crewmitglieder offensichtlich unter dem Schiff befanden und keine Lebenszeichen mehr von sich gaben. Die drei übrigen Crewmitglieder gaben ihre Yacht auf und bestiegen ihre Rettungsinsel, um eine Stunde später von einem Hubschrauber in Sicherheit gebracht zu werden. Unterdessen drehte sich die Yacht wieder um. Eines der tot geglaubten Crewmitglieder erwachte aus seiner Bewusstlosigkeit und schaffte es trotz seiner Verletzung, ins Cockpit zu klettern. Mit Hilfe der Winsch hievte er den zweiten Mann an Bord, wo er ihn wiederbelebte. Allerdings musste er zusehen, wie dieser eine Stunde später starb. Er verfügte über keine Rettungsinsel, keine Leuchtraketen und musste seine geflutete Yacht mit einer Leiche teilen. Dennoch – er hatte den unbedingten Überlebenswillen. Für sich selbst entwickelte er ein Wachsystem, fand ein wenig Milch zum Trinken, schöpfte soviel Wasser aus dem Schiff wie er konnte und schaffte es auf diese Weise, zwölf Stunden zu überleben, bis er von einem Hubschrauber geborgen wurde.

Für jene Fastnet-Crews, die davon überzeugt waren, ihre Yacht würde es nicht schaffen, war die Rettungsinsel die letzte Chance. Eine Entscheidung, die normalerweise wirklich nur dann in Frage kommt, wenn alle anderen Optionen ausfallen. Viele Regattateilnehmer gingen davon aus, dass die Rettungsinsel ein sicherer Zufluchtsort sei. Für einige war es auch so: 14 Menschen wurden nur deshalb gerettet, weil sie ihre Yachten mit der Rettungsinsel getauscht hatten. Tatsächlich wurden ihre Yachten nicht wiedergefunden. Für andere erfüllten sich die Erwartungen nicht, die sie in die Inseln gesetzt hatten. Sieben Menschen verloren sinnlos in Inseln ihr Leben. Deren Yachten wurden später schwimmend geborgen.

Offensichtlich boten die Rettungsinseln für die gestressten Segler eine sinnvolle Option. Dies, obwohl ihr Wrack ihnen mehr Schutz geboten hätte, die Bewegungen eines Schiffsrumpfes leichter und auch bequemer auszuhalten waren. Es befanden sich ferner noch Signalraketen und Notfallverpflegung an Bord. Nur sehr wenige Teilnehmer hatten vor diesem Ereignis die Erfahrung gemacht, bei schwerem Wetter eine Rettungsinsel zu benutzen. Diesmal waren sie augenscheinlich so verzweifelt, dass sie es riskierten.

Abtreiben auf offene See

Der Schritt in die Rettungsinsel und das Abschneiden der Sorgleine zur Yacht ist unumkehrbar. Für viele war es nach der Aufgabe der Yacht im wahrsten Sinne des Wortes der Sprung vom Regen in die Traufe. Der feste GfK-Rumpf einer Yacht wurde mit einer aufgeblasenen, kleinen und weichen Insel getauscht. Irgendwie waren sie der irrigen Meinung, dass sie mit diesem Schritt ihre Überlebenschancen entscheidend verbesserten. Schnell mussten sie feststellen, dass die Insel in dem tosenden Meer nichts weiter war als ein empfindlicher Spielball mit unvorhersehbaren Bewegungen. Ohne den Schutz eines festen Rumpfes waren die Schiffbrüchigen den Elementen völlig ausgesetzt. In den Inseln hatten die Insassen eine verkrampfte Haltung und die Bewegungen waren alles andere als angenehm, lösten sie doch Seekrankheit in ihrer schwersten Form aus.

Die meisten Yachten wurden allerdings erst dann aufgegeben, als die Rettungsstellen alarmiert worden waren und die Inselinsassen damit hoffen durften, sehr bald gerettet zu werden. Doch waren ihre Probleme dort keineswegs vorüber.

Die Konstruktion einiger Rettungsinseln war der Aufgabe in keiner Weise gewachsen. Die Dächer waren uneffizient, es gab keine Leinen zum Festhalten und überhaupt ließ ihre Stabilität sehr zu wünschen übrig. Kurz – sie waren auch nicht fest genug, der Wellengewalt zu widerstehen. Eine Insel überschlug sich binnen einiger Minuten gleich mehrmals. Die Dachkonstruktion riss ab und die Schiff-

Der bewusstlose Skipper und Eigner der Ariadne wird an Bord eines Hubschraubers gehievt. Wegen eines gebrochenen Schlüsselbeins konnte er seine Rettungsweste nicht richtig anlegen. Er starb, halb unterkühlt und halb ertrunken, auf dem Weg ins Krankenhaus. Foto: Andrew Besley

brüchigen wurden ins Wasser geschleudert. Zwar schafften sie es, erneut in die Insel zu klettern – allerdings nur, um das Ganze noch einmal durchzumachen. Dabei versagte die gesamte Struktur der Insel, die in zwei Teile auseinander riss. Von den acht Mann, die ihre Yacht aufgegeben hatten, kamen vier ums Leben. Drei Opfer wurden einfach weggespült, das vierte hielt sich an einem Teil der Insel fest, um für immer abzutreiben. Auf einer anderen Rettungsinsel war ein Mann damit beschäftigt, Proviant zu laden, als die Insel ausriss. Hilflos trieb er ab, die Insel kenterte und der Mann starb. Unterdessen taten die Rettungsmannschaften alles, um die gestrandeten Fastnet-Segler aus dem Meer zu bergen. Ein Vorhaben, das nur dann gelang, wenn sie rechtzeitig die empfindlichen Rettungsinseln erreichten.

Die Kritik, seine Yacht zu früh aufgegeben zu haben, kommentierte einer der Überlebenden mit den Worten: „Man muss sich das unglaubliche Gefühl der Sicherheit einmal vorstellen, als wir erst in der Rettungsinsel waren. Diesem psychologischen Schub verdankten wir, dass wir noch ein paar Minuten länger würden überleben können – sehr wichtig in einem Moment wie diesem!" Doch galt dies nicht für alle Mannschaften. Wenn man in einer derartigen Situation davon ausging, gerettet zu werden, weil das Rettungsboot schon in Sichtweite ist, ist man schnell geneigt sich vorzustellen, man befinde sich bereits warm und trocken zuhause. Viele Crews verließen ihre Yachten genau dann, als sie wussten, dass effektive Rettung nah war. Allerdings geschehen gerade beim Übersteigen von der Rettungsinsel auf das rettende Boot die meisten Unglücke. Die Crew einer Yacht wollte die Insassen einer Insel bergen, als die Insel vom Heck abtrieb und drei Schiffbrüchige sich achtern am Boot festhielten. Nur unter größten Schwierigkeiten konnten sie schließlich an Bord gehievt werden.

Einer der traurigsten Fälle der Fastnet-Katastrophe 1979 war die Bergung von Insassen einer Insel, denen ein Kutter zu Hilfe gekommen war. Die Männer hielten sich auf der umgekippten Insel fest und das Schiff versuchte trotz riesiger Wellen längsseits zu gehen. Das erste Crewmitglied kletterte über die Leiter an Bord; das zweite ergriff zwar die Leiter, wurde aber von einer Welle weggerissen. Der Kutter machte noch zwei weitere Anläufe. Ein dritter Mann wurde in Sicherheit gebracht, doch den vierten zog es wahrscheinlich unter den Rumpf in die Schiffsschraube. Der letzte Mann hatte vergessen, seinen Sicherheitsgurt von der Insel zu lösen. Als er versuchte, die Leiter hochzuklettern, wurde er von einer Welle erfasst und ertrank.

Rückblick

Blauwasserregatten sind riskant. 1979 ist als besonders tragisches Jahr in die Geschichte des Fastnet Race eingegangen. Insgesamt 15 Menschen verloren bei dieser einen Regatta ihr Leben. Natürlich kann man Schlüsse ziehen: Verglichen mit dem Sydney-Hobart Race 1998 kenterten beim Fastnet Race fünf Mal so viele Boote wie in Sydney und zwei Mal so viele wurden aufgegeben. Offensichtlich hatte man Lehren aus den Erfahrungen gezogen, dass bei Regatten unter schweren Bedingungen bestimmte Sicherheitsaspekte eingehalten werden müssen. Man hat gelernt und die weitaus geringere Zahl der Opfer (4) beweist, dass diese Konsequenzen richtig waren.

Dennoch muss an dieser Stelle ein Punkt angesprochen werden: Eine Ozean-Regatta ist ein Wettbewerb für Regattasegler. Die Teilnehmer entscheiden sich freiwillig mitzumachen und akzeptieren, dass sie den jeweiligen Wetterbedingungen ausgesetzt sind. Sie sind dabei, weil sie dabei sein wollen. Und wie auch immer die Bedingungen aussehen und welche Taktik angewendet wird, Sicherheit geht vor.

LITERATURHINWEISE

The complete Guide to Stress Management, Dr Chandra Patel, Optima, London, 1989 and Plenum, New York, 1991.
Understanding Stress, A Consumer Association publication, Which? Books, edited by Edith Rudinger, 1988.
The Psychology of Sailing: The Sea's Effects on Mind and Body, Michael Stadler, Adlard Coles Nautical, London, 1987 and International Marine, Camden, Maine, 1987.

Die Freude am Segeln

Ros Hogbin

Warum eigentlich lieben wir das Segeln? Warum sind wir in der Lage, der Seekrankheit, den Unbequemlichkeiten und der Nässe zu trotzen, die mit diesem Sport verbunden sind? Wie kann es sein, dass von der kleinen Jolle bis zum Open-60-Racer mit Segeln unvergessliche Erfahrungen verbunden sind, die auch noch unseren geistigen Horizont erweitern? In den vergangenen Kapiteln haben wir all die Herausforderungen behandelt, denen man sich stellen muss, dabei aber fast übersehen, dass es auch positive Seiten gibt. Die Auseinandersetzung mit dem Leben auf dem Wasser mag für manche zum Zwang, wenn nicht gar zur Sucht werden.

In diesem letzten Kapitel befassen wir uns damit, in welcher Weise die Psyche des Seglers durch die Freude an seinem Sport beeinflusst wird. Wir zitieren dazu aus Interviews und Gedanken, die die Segler selbst zu Papier brachten.

Die ultimative Erfahrung

Wenn sie einige Segler bitten würden, die „Freude am Segeln" zu definieren, so verbinden die meisten unter ihnen diese mit dem Wort „Freiheit". Oder, wie Bernard Moitessier es ausdrückte, „Freiheit rechts und links, Freiheit überall". Es muss etwas geben, das den Bogen zwischen Wind und Wasser sowie dem Wunsch spannt, in einem kleinen Fahrzeug Grenzen überschreiten zu wollen und dabei den Horizont zu erweitern. Ellen MacArthur beschrieb es so: „Ich liebe die Freiheit sowie die Tatsache, dass man überall auf der Welt an irgendeiner Stelle ein Boot ins Wasser setzen kann und von dort aus an jeden anderen Ort der Welt gelangen kann... Beim Segeln gibt es so gar keine Grenzen." Für Robin Knox-Johnston spielt die Realität auf dem Ozean eine andere Musik: „Abseits des Festlandes spielen die dummen und unbedeutenden Regeln der Gesellschaft keine Rolle mehr. Man kann einfach auf den Knopf drücken und umschalten, weil es draußen rau wird. Man muss mit den Bedingungen fertig werden, kann ihnen nicht entkommen – das ist die Freiheit, die das eigene Leben und die Entscheidungen bestimmt. Mit Regeln, die die Natur und nicht der Mensch aufstellt. Und genau das liebe ich daran." Während Denise Evans Freiheit mit den Worten „ungezwungene Bewegungen in fantastischer Umgebung" definiert, beschreibt Tracy Edwards ihre Gefühle, die sie beim Whitbread-Rennen 1989 empfand, wie folgt: „Nie zuvor war ich auf See so

Anker einholen und Abschied nehmen: Freunde winken, als wir Daniel's Bay auf Nuka Hiva in den Marquesas verlassen.

glücklich. Ich fühlte mich völlig befreit, als seien die letzten Fesseln gefallen." Auch für Francis Chichester war Freiheit das größte Gut: „Vor allem wollte ich nur frei sein wie ein Seevogel. Frei sein, dahin zu segeln, wohin ich und solange ich auf dem großen Ozean wollte."

Die große Freiheit

In einer Welt, die in großen Teilen von der Zivilisation eingenommen ist, wird selbst der wohlwollendste Blick von Stromüberleitungen oder Rauch aus einem fernen Schlot getrübt. Die „einsame See und der offene Himmel" bieten dem Segler ein von Menschenhand noch unverdorbenes Panorama. Die Möglichkeit, eins mit der Natur zu werden und der Schöpfung nah zu sein, ist für viele Segler entscheidend – auch für Pete Goss: „Ich liebe die Weite der Natur. Auf See bin ich ein ganzer Mensch. Es ist sehr wohltuend, da es das Leben wieder in die richtige Perspektive rückt." Und Chay Blyth meint: „Es war eine Nacht, in der ich mit der Natur verschmolz. In meinen Augen spiegelten sich die Segnungen der Schöpfung." Und das nach den Härten, die er nach der schwersten seiner Reisen erlebt hatte. Weiter fügte er hinzu: „Wir haben verlernt, uns wohl zu fühlen. Die Reise gab mir dieses Gefühl der Nähe zur Natur zurück und machte mir wieder deutlich, warum es uns alle gibt."

Bei Bernard Moitessier hinterließ die Welt der Tiere einen bleibenden Eindruck: „25 Delphine... ich beobachtete sie und staunte. Zehn Mal hintereinander machten sie dasselbe. Ich konnte mich gar nicht mehr von dieser Lebenslust losreißen, all dieses Leben!" Auch Kay Cottee und Pete Goss berichten von der Faszination der Delphine. Kay Cottee: „Eine ganze Schule von Delphinen schwamm fast eine Stunde lang rund um den Bug. Hätte ich mich heruntergelehnt, ich hätte sie berühren können. Mann, ist das gut, hier draußen zu sein." Und Pete Goss schrieb: „Ein Lichtstrahl erschien am Bug – ein Delphin auf seinem spielerischen Weg. Ein Schweif fluoreszierenden Lichtes, gefolgt von einigen Artgenossen, die sich untereinander maßen, als sie am Boot herumtollten. Sie sprangen – einzeln und als Gruppe, und nur der Mond beleuchtete ihre Rücken. Ein Gefühl des Wohlbefindens strömte durch meinen Körper. Und im Stillen versprach ich, dass meine Kinder eines Tages so etwas erleben müssen."

Auf dem Meer hat alles etwas Mythisches und Ehrfurchtsvolles. „Die Geräusche und die Ausblicke", so Denise Evans, „sind irgendwie ansteckend." Und Joshua Slocum meinte in seiner typisch sanften Art: „Die wundervolle See überwältigte mich von Anfang an mit ihrem Charme." Moitessier ging sogar so weit, dem Ozean musikalische und lebensspendende Fähigkeiten zuzuschreiben: „Das ganze Meer singt schlicht in einer Weise, wie ich es zuvor nie gehört hatte und dies erfüllt mich mit einer Frage, die zugleich Antwort ist ... der Wind, die Flauten, der Nebel und die Sonne verschmelzen alle zusammen zu einer riesigen Einheit und erscheinen als das große Licht des Lebens. Natürlich gibt es Momente der Furcht. Aber über den Tiefen dieser Furcht steht die Freude an der See, die alles andere wegwischt."

Ausblick auf Meer und Himmel sind für den Segler nicht wegzudenken. Wenn die Nacht dem Tag folgt, wenn die Sonne in all ihrer orangeroten Pracht am Horizont versinkt, bleibt nur Staunen: „Es war ein wunderbarer Sonnenuntergang", erinnert sich Knox-Johnston, „alle Wolken waren blau gefärbt, von einer goldenen abgesehen. Ein unvergesslicher Ausblick – ich wollte, ich könnte malen." Auch Moitessier fasste diesen Moment perfekt in Worte: „Ich beobachtete, wie die Sonne unterging und atmete den Hauch der offenen See. Ich fühlte, wie meine Existenz erblühte und meine Freude so groß war, dass nichts sie hätte stören können."

Und wenn der letzte Sonnenstrahl erloschen und der Himmel in tiefstes Blau getaucht war, dann inspirierten die Wunder der Nacht all jene nächtlichen Wanderer. Chay Blyth beschrieb dies in lebendigen Worten: „Die zitternde See streifte wie der sternenschwere Himmel ihr diamantenes Kleid über." Tracy Edwards und Tony Bullimore waren von derartiger Atmosphäre ebenfalls überwältigt. Tracy Edwards: „Es war eine wundervolle Sternennacht mit einem Hauch von Mond, der vor uns am Himmel stand und die See nur für uns in Silber tauchte. Ein riesiger, riesiger Himmel. Stundenlang lag ich an Deck." Und Tony Bullimore schrieb in seinem Buch Saved: „Ich liebe das Segeln unter klarem Himmel, während sich die Sterne auf dem Wasser spiegeln. Und während das Boot durch die Wellen zieht, sitze ich am Steuer und huldige der Stille und dem unendlichen Gefühl der Weite."

Tag und Nacht, Wind und Wellen, Meer und Himmel – dieser Herausforderung stellen sich die Segler in jeder nur denkbaren Variante. Und genau diese Abwechslung ist für Chay Blyth so faszinierend: „Die Schönheit des Segelns besteht darin, dass die Verhältnisse sich jederzeit verändern können. Da ist man ‚in der Wüste', wenn man zwischen Hügeln nur hin und her rollt, es keine Wellen gibt und nur diesen Schwell bei ein bis zwei Windstärken. Und plötzlich bist du im ‚Lake District' mit riesigen Bergen vor dir." Diese Abwechslung beschreibt auch BT Challenge-Skipper Lin Parker: „Das Schöne ist das Unvorhersehbare... Wenn du an Deck kommst, dann weißt du nicht, ob dir die nächsten vier Stunden nur leichte Brisen, Segelwechsel oder riesige Wellen bringen werden... du weißt nicht, ob dir eine ereignislose Wache bevorsteht, bei der man nur sein Boot auf Kurs hält und einen Kaffee trinkt oder ob man vier Stunden wie verrückt arbeiten muss. Und genau deshalb liebe ich es." Die Intensität der rauen Ozeane ist für Pete Goss ein Hort der Inspiration: „Die Südmeere sind für mich der geistig erfrischendste und inspirierendste Ort, an dem ich je war. Es ist die letzte große Wildnis und allein die Anwesenheit dort vermittelt mir ein Gefühl des Lebendigseins."

Das bestimmte Gefühl

Pete Goss ist nicht der Einzige, der sich erst durch das Segeln lebendig fühlt. Auch Moitessier meint: „Wenn ich im Morgengrauen an Deck komme, schreie ich meine Freude hinaus, am Leben zu sein. Ich bin lebendig, mit meinem ganzen Ich. Wirklich am Leben." Und auch Chichester ist ob der Umgebung sensibilisiert: „All meine Sinne sind geschärft; ich spürte und genoss die Veränderungen des Meeres, die Farben des Himmels, die kleinste Geräuschveränderung von Meer und Wind. Sogar die Veränderungen zwischen Licht und Dunkelheit waren so stark, dass es eine Freude war." In der Tat kann Segeln ein emotionaler Zeitvertreib sein, der höchste Aufmerksamkeit und Nervenzittern nicht ausschließt. Clare Francis schrieb über ihre Erfahrungen beim Whitbread Race 1977: „Vielleicht waren wir unbesorgt, kann sein, aber diese Tage der Erregung über das Geleistete waren unvergleichlich... Wir surften auf der Welle und hörten dabei einen lauten Schrei des Steuermanns. So ergreifend und überwältigend war sein Gefühl." Und Moitessier über seine Glücksmomente: „Ich bin überglücklich. Ich fühle mich so glücklich und im Frieden mit dem Universum, dass ich immer nur lachen und lachen muss, wenn ich an Deck komme."

Auch der Aspekt des Wettstreits spielt bei Seglern eine große Rolle. Der Kick zu jagen und die Möglichkeit, höchste Geschwindigkeiten zu erreichen, sind zutiefst befriedigend. Francis Chichester: „Man konnte kaum schlafen, weil schon der Versuch so aufregend und ergreifend war, so schnell wie möglich zu segeln." Auch Tony Bullimore ist von Freude erfüllt, wenn er sagt: „Ich segelte auf einem Renntrimaran in Kanada mit 28 Knoten über Wasser, das aussah wie Glas, vorbei an schroffen Klippen auf jeder Seite. Ich kam mir vor wie eine Kugel im Lauf eines Gewehres. Dies sind die seltenen und unvergleichlichen Momente dieses Sports." Und Robin Knox-Johnston meint: „Wenn man es sich zutraut, dann gibt es nichts Besseres als ein Boot mit voller Geschwindigkeit zu steuern. Das ist spannend und man muss schnell reagieren. Mit einem kleinen Mehr an Konzentration kann man womöglich auf jeder Welle auch jenen Vorsprung und am Ende die Ehre erlangen." Mike Golding empfindet den Wettfahrtgedanken als Stimulans: „Ich liebe es, mich dem Gegner zu stellen... das Letzte aus den Segeln herausholen. Und ich liebe die Formen – die Form des Rumpfes und des Ruders. Vieles ist heutzutage strategisch, auch auf dem Wasser. Für mich besteht die Herausforderung in der Komplexität. Ich liebe die Tiefe und wenn es nicht einfach ist, gibt es auch keine Limits. Dies treibt mich an."

Faktor Boot und Faktor Mensch

Segeln findet nicht nur auf der Überholspur statt. Viele Fahrtenskipper empfinden Genugtuung beim einfachen Segeln mit ihrem eigenen Boot: „Ein hölzernes Segelboot ist etwas Fantastisches und viel mehr wert als das Material an sich", meint die Fahrtenseglerin Fran Flutter, was Anne Hammick nur unterstützen kann: „Ich genieße es einfach, ein solch altes Boot zu besitzen und zu pflegen. Dies ist für mich genauso wichtig wie das Segeln selbst." Moitessier ist vom Anblick seines Schiffes unter Segeln ebenfalls angetan: „Ich könnte ununterbrochen mein Boot anstarren. Die Kraft und die Schönheit, wenn es unter den weißen Segeln dahingleitet...." Auch Pete Goss beschreibt das Verhältnis zwischen Yacht und Segler: „Die Crew ist immer nur so gut wie das Boot. Und das Boot ist natürlich in vielerlei Hinsicht auch nur so gut wie die Crew – du musst nach ihm schauen, dich kümmern, ja es ernähren. Dann gibt es dir das zurück, was du reingesteckt hast." Fahrtenyachten erfüllen genau diesen Anspruch, weil man auf ihnen lebt, seine Bedürfnisse kennt – und selbst der kleinste Törn kann tiefste Befriedigung zur Folge haben, wie auch Anna Brunyee bestätigt: „Hinaus segeln mit einem Boot, das man kennt – am besten dem eigenen. Dazu eine eingespielte Crew, ein bisschen Sonne, wenig Wellen und eine gute Brise – einfach alle Zutaten, die man braucht, damit das Boot das macht, was der Steuermann von ihm verlangt. Und dies macht das Segeln – ganz gleich, wo man ist – zum perfekten Vergnügen." Und Fran Flutter gibt zu: „Ich kann mir nichts Schöneres vorstellen, meine Zeit zu verbringen... alles ist so genügsam, mit ständig abwechselnden Orten und Eindrücken. Überall trifft man auf gute Freunde. Geistig und physisch fühle ich mich auf dem Meer Zuhause."

Die Mehrzahl der Segler teilt zudem gerne ihre positiven Erfahrungen mit Freunden, wie zum Beispiel Anne Hammick: „Mit Menschen, die ich über das Segeln kennengelernt habe, komme ich bestens aus. Fahrtensegler haben einfach einen größeren Horizont als Menschen, die immer am gleichen Ort leben." Chay Blyth bezieht sich in diesem Zusammenhang auf die Verbundenheit der Crew während des Whitbread Race 1973: „Kameradschaft ist ein weiterer Aspekt. Wenn die Mischung stimmt – bei einem langen Törn ist es natürlich am Besten, wenn man gute Vertraute mitnehmen kann -, ist alles in Ordnung. Mit meiner Crew treffe ich mich immer noch – das sind gute Jungs." Lin Parker empfindet die Ausbildung von Anfängern als erfüllende Aufgabe: „Natürlich liebe ich das Segeln,

Lunch-Päckchen: Fahrtensegler-Freunde gehen an der Huahine auf den Gesellschaftsinseln längsseits.

aber den größten Gewinn ziehe ich aus der Tatsache, wenn Nichtsegler plötzlich die Freude am Sport für sich entdecken. Das ist wirklich das Beste."

Bleibende Erinnerungen

Wer jemals mit einem kleineren Boot unterwegs war, wird nach dem Törn dem Schatzkästchen seiner Erinnerungen wieder einige Preziosen hinzufügen können. Für Pete Goss sind es die großartigen Südmeere, „die rohen, ungezähmten Energien einer wilden Schönheit". Für Tania Aebi gehört die Einfachheit des Segelns zum Schönsten überhaupt: „Segeln ist etwas Besonderes. Auf See werden die Gedanken klarer und auch einfacher. Keine Verantwortung und familiäre Pflichten. Hier ist es leicht, glücklich zu sein." Und Anna Brunyee meint: „Das Gefühl nach langem Törn an Land zu gehen, lässt das Herz höher schlagen."

Was mich bei meiner eigenen Weltumseglung am meisten faszinierte, war die Tatsache, dass man ein kleines, abgelegenes Insel-Atoll nur mit dem Boot erreichen kann. Ich werde nie vergessen, als wir in Beveridge Reef ankamen, einem kleinen Korallen-Eiland inmitten der Weiten des Südpazifiks zwischen Tonga und den Cook-Inseln. Das nierenförmige Riff und die Durchfahrt in die Lagune waren für das bloße Auge nicht zu erkennen. Auch der GPS-Wegpunkt erforderte ein gewisses Maß an Gottvertrauen, als wir uns vorsichtig durch jene Öffnung durchschlichen, von der wir hofften, dass es der richtige Weg war. Wir richteten das Boot ganz gerade aus und fuhren in die Lagune ein. Es waren nur Zentimeter auf beiden

Seiten. Innerhalb eines Herzschlags stieg der meilenweite Grund des Ozeans auf 26 Fuß an. Gleichzeitig veränderte sich das tiefblaue Meer in ein Aquamarin und schließlich ein Türkis. Von einer Sekunde auf die andere sahen wir den sandigen Boden und eine unglaubliche Unterwasserwelt in kristallklarem Wasser. Wir hatten es geschafft! Nur eine Meile entfernt ankerten wir auf der geschützten Seite der Lagune in weichem Sand und schauten uns um. Hier waren wir – auf einem stecknadelgroßen Korallenstock mitten im Pazifik. Nirgends war Land in Sicht. Nichts, was im Umkreis von 360 Grad die Sicht einschränken konnte. Nur Horizont – eine großartige Erfahrung.

Die große Sicht der Dinge

Angesichts der Größe der Ozeane sehen sich auch die Segler dazu veranlasst, einen Blick nach innen zu werfen und sich tiefgehende Fragen zu stellen: Wie zum Beispiel Francis Chichester: „Ist Schicksal allzu mächtig für den Willen eines Menschen? Bin ich deshalb so glücklich, weil ich Dinge tue, für die ich bestimmt bin?" Bernard Moitessier bringt seine eigene Heilsfindung ins Spiel: „Nonstop segle ich jetzt in Richtung Pazifik, weil ich auf dem Meer so glücklich bin. Vielleicht mache ich es auch deshalb, weil ich meine Seele retten will." Und Tony Bullimore schwärmt: „Segeln ist für mich mehr als ein Hobby oder ein Beruf. Es ist eine Passion, eine Art zu leben. Davon kann ich einfach nicht lassen." Und Tracy Edwards stellt gar die Frage nach der göttlichen Fügung – vielleicht auch, um ihrer Sicht der Dinge vom Wasser aus einen Sinn zu geben: „Gott muss es einfach geben: Wie kann sonst etwas so Schönes geschehen? Nur durch Zufall und ohne Hintergedanken?"

Die Freude am Segeln

Sie ist in der Tat definierbar – die Freude am Segeln. Und dies trotz aller Misserfolge, zerstörten Hoffnungen und gescheiterten Vorhaben, die zu den dramatischsten Ereignissen auf See in unserer Zeit zählen. Menschen, die sich für den Segelsport entschieden, haben damit auch ein Stück Weisheit bewiesen. Für ihre Bemühungen werden sie reich belohnt. Die Meere dieser Welt sind mit all ihren Facetten mit nichts zu vergleichen – mal ruhig, mal brütend, mal stürmisch und manchmal auch einfach hinterlistig. Segler haben gelernt, mit den Elementen umzugehen. Reisen und Forschen als persönliche Herausforderung einerseits, als Wettkampf andererseits. Segeln ist nicht einfach nur eine rein physikalische Bewegung, es berührt Geist, Herz und Körper gleichermaßen. Der „Ruf der See" ist weitreichend. Und viele werden ihn auch nicht mehr los, wenn sie einmal einen Fuß an Bord einer Yacht gesetzt haben.

Die Psyche des Seglers – sie ist vielseitig: Sie ist neugierig, friedlich, aufgewühlt, glücklich, entschlossen und frei. Und vor allem ist sie offen für das Unbekannte oder was auch immer sie jenseits von Wind und Wellen finden mag.

Index